精准脱贫：重庆的探索与实践
中国扶贫发展中心　组织编写

怎样拓展鲁渝扶贫协作

郭春甫 / 编著

中国文联出版社

图书在版编目（CIP）数据

怎样拓展鲁渝扶贫协作 / 郭春甫编著 . -- 北京：中国文联出版社，2021.11
　ISBN 978-7-5190-4602-6

Ⅰ . ①怎… Ⅱ . ①郭… Ⅲ . ①扶贫－研究－山东、重庆 Ⅳ . ① F127

中国版本图书馆 CIP 数据核字 (2021) 第 110815 号

编　　著	郭春甫
责任编辑	刘　丰
责任校对	田宝维　胡世勋　王　维
图书设计	谭　锴

出版发行	中国文联出版社有限公司
社　　址	北京市朝阳区农展馆南里 10 号　　邮编　100125
电　　话	010-85923025（发行部）　010-85923091（总编室）
经　　销	全国新华书店等
印　　刷	北京市庆全新光印刷有限公司

开　　本	880 毫米 ×1230 毫米　1/32
印　　张	4.75
字　　数	84 千字
版　　次	2021 年 11 月第 1 版第 1 次印刷
定　　价	48.00 元

版权所有·侵权必究
如有印装质量问题，请与本社发行部联系调换

精准脱贫：重庆的探索与实践
编委会

主　　任：刘贵忠

顾　　问：刘戈新

副 主 任：魏大学　　黄长武　　莫　杰　　王光荣　　董瑞忠
　　　　　徐海波　　周　松　　罗代福　　李　清　　田茂慧
　　　　　吴大春　　马宗南

成　　员：孙元忠　　兰江东　　刘建元　　李永波　　卢贤炜
　　　　　胡剑波　　颜　彦　　熊　亮　　孙小丽　　徐威渝
　　　　　唐　宁　　蒲云政　　李耀邦　　王金旗　　葛洛雅柯
　　　　　汪　洋　　李青松　　李　婷　　牛文伟

编　　辑：赵紫东　　谭其华　　杨　勇　　胡力方　　孙天容
　　　　　郑岘锋　　刘天兰　　李　明　　郭　黎　　陈　勇

主　　编：魏大学　　周　松
执行主编：孙小丽　　牛文伟
副 主 编：赵紫东　　谭其华　　杨　勇　　陈　勇

目录

第一章·鲁渝扶贫协作概述

东西部扶贫协作的马克思主义理论渊源·002

东西部扶贫协作的发展历程·010

鲁渝扶贫协作的指引遵循与工作指导·019

第二章·鲁渝扶贫协作的政策设计与实践创新

鲁渝扶贫协作的政策设计·031

党建引领,结对帮扶探索新经验·039

人才交流,提质增效激发新动力·051

项目撬动,特色产业推动新发展·063

扶志扶智,教育振奋脱贫新精神·074

第三章·鲁渝扶贫协作的发展经验

党委引领扶贫协作主体 · 089

精准设计协作治理结构 · 092

因地制宜架构协作机制 · 097

第四章·鲁渝扶贫协作的拓展与优化

鲁渝扶贫协作的拓展空间 · 104

鲁渝扶贫协作的优化路径 · 111

第五章·从东西部扶贫协作到东西部协作

东西部扶贫协作的历史价值与实践贡献 · 123

鲁渝扶贫协作的涓滴效应与辐射作用 · 128

新发展理念下持续推动东西部协作可持续发展 · 132

后记 · 137

第一章·鲁渝扶贫协作概述

东西部扶贫协作的马克思主义理论渊源

贫困问题作为长期困扰世界人民的民生问题，即使是在经济文化快速发展、物质财富极大丰富的今天，仍然未能得到彻底的解决。消除贫困，走向共同富裕，成为了全人类的不懈追求和美好愿景。2020年是全面建成小康社会的收官之年和脱贫攻坚的决胜之年，站在这一历史节点上回顾我国的反贫困历史，意义重大！我国的反贫困道路虽然漫长曲折，贫困特征在各个历史时期表现不同，但在党中央的坚强领导下，经过几代领导集体的不断探索，逐渐找到了一条符合中国国情和具有中国特色的扶贫道路，形成了科学的反贫困指导原则。在这一过程中，要追溯和讨论中国东西部扶贫协作思想的形成与发展，必须基于马克思主义"共同富裕"思想以及中国共产党的反贫困思想。[1]

一、马克思的"共同富裕"思想

东西部扶贫协作是我国促进贫困地区脱贫进程，缩小东西部发展差距，实现共同发展、共同富裕的大战略和大举措，在深入推进的过程中，马克思"共同富裕"的思想始终作为指导思想在提供价值引领。

在《马克思恩格斯全集》第46卷下册中马克思提出"生产将以所有的人的富裕为目的"，他的这一共同富裕思想是在深入揭示资本主义经济制度弊病基础上从未来社会经济制度层面上提出来的[2]。与西方研究贫困理论的众多学者相比，马克思对贫困根源的分析，没有局限于单纯的、现象层面的物质贫困，而是将物质贫困与物质生产结合起来，始终强调生产资料占有制对工人阶级生活状况带来的直接后果和持久影响[3]。在《资本论》中，马克思指出资本主义社会"在一极是财富的积累，同时

---

1. 黄承伟，刘欣.新中国扶贫思想的形成与发展.国家行政学院学报，2016（3）.
2. 赵学清.马克思共同富裕思想探讨.中国特色社会主义研究，2014（4）.
3. 孙咏梅.马克思反贫困思想及其对中国减贫脱贫的启示.马克思主义研究，2020（7）.

在另一极，即在把自己的产品作为资本来生产的阶级方面，是贫困、劳动折磨、受奴役、无知、粗野和道德堕落的积累"。"生产资料越是大量集中，工人也就越要相应地聚集在同一个空间。因此，资本主义的积累越迅速，工人的居住状况就越悲惨。"这些理论深刻揭示了资本主义私人占有制所导致的社会两极分化的必然结果，并在《1844年经济学哲学手稿》中率先提出了无产阶级贫困源于资本主义制度的观点，从工资、异化劳动的角度最早对资本主义的贫困问题作了制度层面的分析，并针对贫困产生的根源，推断出共同富裕的制度属性就是要消灭资本主义私有制，建立生产资料公有制，实现路径就是要大力发展生产力，从而达到人的全面自由发展的价值目标。

总的来看，马克思主义共同富裕和反贫困思想确立了中国共产党看待和分析贫困问题的唯物主义立场，指明了实现共同富裕的根本路径和方向，为东西部扶贫协作思想的形成和发展奠定了理论基础。[1] 新中国成立以来我们党在东西部扶贫协作方面提出的一系列构想和实践，都是对马克思"共同富裕"思想的继承和创新。

---

1. 黄承伟，刘欣.新中国扶贫思想的形成与发展.国家行政学院学报，2016（3）.

二、马克思主义中国化理论对东西部扶贫协作的指导

由于各个国家的具体演变过程、历史遗留问题等的不同,以及包括经济、文化、社会制度和意识形态等在内的各种因素的相互作用,使得不同国家甚至不同地域的贫困问题都有其特殊性和差异性,也会在不同时期展现出不同的时代特征,因此需要因地制宜,因时制宜,有针对性地解决。纵观我国的反贫困史,可以发现,我国的反贫困道路正是对马克思主义反贫困现实路径的继承和创新。

(一)毛泽东:"提高农村现代化水平"

如何使一个典型的农业大国实现几亿农民的共同富裕,一直是我们党在不断探索的问题,1949年,毛泽东在中国共产党七届二中全会上指出:"中国还有大约百分之九十左右的分散的个体的农业经济和手工业经济,这是落后的,这是和古代没有多大区别的,我们还有百分之九十左右的经济生活停留在古代。"[1]在认识到新中国成立之初基本国情的基础上,以毛泽东为代表的第一代领

---

1. 毛泽东在中国共产党第七届中央委员会第二次全体会议上的报告,1949年3月5日。

导集体进行了一系列为推进和实现农村现代化的探索和实践，如土地改革和三大改造等。这为实现国家富强和人民富裕打下了基础。为解决农村贫困问题，1955年，在《关于农业合作化问题》的报告中，毛泽东明确提出："全国大多数农民，为了摆脱贫困，改善生活，为了抵御灾荒，只有联合起来，向社会主义大道前进，才能达到目的。"[1] 同年10月，他指出，要巩固工农联盟，我们就得引导农民走社会主义道路，使农民群众共同富裕起来，穷的要富裕，所有的农民都要富裕，并且富裕的程度要大大超过现在的富裕农民。1957年，毛泽东在《关于正确处理人民内部矛盾的问题》中指出："将我国建设成为一个具有现代工业、现代农业和现代科学文化的社会主义国家。"[2]

（二）邓小平："以东部支持西部"

改革开放以后，邓小平指出，在全国整体发展落后的情况下，"一部分人先富裕起来，一部分地区先富裕起来，是大家都拥护的新办法，新办法比老办法好"[3]。"沿海地区要加快对外开放，使这个拥有两亿人口的广

---

1. 毛泽东《关于农业合作化问题》，1955年7月31日。
2. 毛泽东《关于正确处理人民内部矛盾的问题》，1957年2月27日。
3. 邓小平：各项工作都要有助于建设有中国特色的社会主义，1983年1月12日。

大地带较快地先发展起来，从而带动内地更好地发展，这是一个事关大局的问题。内地要顾全这个大局。反过来，发展到一定的时候，又要求沿海拿出更多力量来帮助内地发展，这也是个大局。那时沿海也要服从这个大局"[1]。"社会主义的本质，是解放生产力，发展生产力，消灭剥削，消除两极分化，最终达到共同富裕"[2]。根据邓小平"两个大局"和"共同富裕"的战略思想，东部支持西部的发展格局逐渐从个别省市的参与拓展到全覆盖式的参与，从经济、人员（干部）等局部领域的合作发展到全方位、多领域的深度协作，从部分地区自发、自觉的行为发展为国家层面有组织有计划的制度安排。

（三）江泽民："先富带动后富"

1998年江泽民指出，"允许一部分地区一部分人通过诚实劳动和合法经营先富起来，带动和帮助其他地区和其他群众，最终达到全国各地区的普遍繁荣和全体人民的共同富裕，这是我们必须长期坚持的一个大政策。它符合经济发展客观规律的需要，是社会主义优越性在

---

1. 邓小平：中央要有权威，1988年9月12日。
2. 邓小平：在武昌、深圳、珠海、上海等地的谈话要点，1992年1月18日至2月21日。

经济上的重要体现"。[1] 为缩小东西部发展差距，实现共同富裕，1994年初步提出北京、天津、上海等大城市，广东、江苏、福建等沿海较为发达的省，都要对口帮助西部一两个贫困省、区发展经济。1996年确定了对口帮扶关系，标志着东西部扶贫协作制度的正式启动。

（四）胡锦涛："对口帮扶"

2005年胡锦涛指出，要坚持开发式扶贫的方针，进一步加大扶贫工作力度。切实改善群众的生产生活条件，夯实加快经济社会发展的基础，尽快解决贫困地区群众的温饱问题。为进一步缩小发展差距，促进经济社会协调发展，在原有对口帮扶关系的基础上，2010年，国务院对部分省区市扶贫协作关系进行调整，确定了新的对口帮扶关系。

（五）习近平："东西部扶贫协作"

十八大以来，习近平总书记就东西部扶贫协作提出一系列重要论述。总书记对东西部扶贫协作的定位是："东西部扶贫协作和对口支援，是推动区域协调发展、协同发展、共同发展的大战略，是加强区域合作、优化

---

1. 江泽民：在纪念党的十一届三中全会召开二十周年大会上讲话，1998年12月18日。

城口县沿河乡　龙帆摄

产业布局、拓展对内对外开放新空间的大布局,是实现先富帮后富、最终实现共同富裕目标的大举措。"[1] "长远看,东西部扶贫协作要立足国家区域发展总体战略,深化区域合作,推进东部产业向西部梯度转移,实现产业互补、人员互动、技术互学、观念互通、作风互鉴,共同发展"。[2] 这为我国全面建成小康社会和全面夺取脱贫攻坚事业胜利提供了方向指引和价值导向。

---

1. 习近平总书记在银川主持召开东西部扶贫协作座谈会的讲话,2016年7月20日。
2. 习近平总书记在决战决胜脱贫攻坚座谈会上的讲话,2020年3月6日。

东西部扶贫协作的发展历程

东西部扶贫协作作为一种具有中国特色的政策行为，经历了一个从对口支援到东西部扶贫协作的发展过程。以对口支援和东西部扶贫协作在不同历史时期内涵、重点和表现形式上的差别为线索，大致可以把东西部扶贫协作的历史演进过程划分为四个阶段。

一、东西部扶贫协作的孕育萌芽阶段（1949年—1978年）

这一阶段主要指从新中国成立后到改革开放前，是扶贫协作与对口支援政策的萌芽阶段与铺垫时期。这一时期，扶贫协作主要表现为全国范围内城乡之间、区域之间、行业之间和部门之间的援助。

这一时期，为响应毛泽东同志提出的提高农村现代化水平，抵御灾荒，联合起来，我国多数城市的组织部门都会分派党政机关职能部门去乡村帮助收割或抗灾。这个传统也一直延续下来，并逐渐增加了支援农业建设、赴农村劳动锻炼等内容。20世纪50年代，工农协作、厂社协作已经成为城市与农村之间应用较为广泛的支援模式。20世纪50年代中期，省际较大范围的协作与支援工作也开始铺开，主要表现为上海、天津等东部沿海发达省市对陕西、新疆、内蒙古等西部落后地区和边疆民族地区的援助和帮扶。1960年3月20日，《山西日报》发表了一篇题为《厂厂包社 对口支援——论工业支援农业技术改造的新形势》的社论，该社论将对口支援视作一种工农结合、城乡结合、厂社结合的新形式，并对山西经纬纺织机械厂与曙光社采取"工厂包公社、对口支援、一包到底"的举措给予了充分肯定。至此，对口支援政策开始正式登上历史舞台。

这一时期不论是中央政府还是地方政府，抑或理论界、学术界及专家学者都没有明确提出"对口支援"或"扶贫协作"的概念。因而，上述支援活动也不具备明确的"一对一"结对支援的性质。但是，这些不同形式和内容的支援帮扶活动的执行实施，并不断得以传播和应用，为对口支援和扶贫协作政策的正式提出积累了经验。

二、东西部扶贫协作的规划发展阶段（1979年—1996年）

这一阶段主要指改革开放之初到90年代中期。在这一时期，根据邓小平同志"两个大局"和"共同富裕"的战略思想，东西部之间的扶贫协作和对口支援工作逐渐从个别省市的参与拓展到全覆盖式的参与，从经济支援、干部交流等局部领域的合作发展到全方位、多领域的深度协作，从部分地区自发、自觉的行为发展为国家层面有组织有计划的制度安排。

1979年4月25日，在全国边防工作会议中，时任中共中央政治局常委、中央统战部部长乌兰夫指出："国家将加强边境地区和少数民族地区的建设，组织内地省、市对口支援边境地区和少数民族地区。"[1]1982年10月7日，国家卫计委和国家民委在宁夏银川召开了"经济发达省、市同少数民族地区对口支援和经济技术协作工作座谈会"，明确和部署了对口支援和经济技术协作的主要方式。1983年1月，国务院批转了《关于组织发达省、市同少数民族地区对口支援和经济技术协作工作座谈会纪要》，正式确定了经济技术对口支援的主要任务和责任部门。从具体实践来看，当时确立的经

---

1. 乌兰夫.全国边防工作会议.中国民族，2008（11）.

济技术协作是东西部扶贫协作和对口支援工作的早期表现形式。

1984年9月,中共中央、国务院下发了《关于帮助贫困地区尽快改善面貌的通知》,提出要着力增强贫困地区的"造血"功能。同年10月,党的十二届三中全会通过了《中共中央关于经济体制改革的决定》,该决定明确指出:"经济比较发达地区和比较不发达的地区,沿海、内地和边疆,城市和农村,以及各行业各企业之间,都要打破封锁,打开门户,按照扬长避短、形式多样、互利互惠、共同发展的原则,大力促进横向经济联系,促进资金、设备、技术和人才的合理交流,发展各种经济技术合作。"[1]1994年4月15日,国务院下发《国务院关于印发国家八七扶贫攻坚计划(1994—2000年)的通知》,首次明确要求"北京、天津、上海等大城市,广东、江苏、浙江、山东、辽宁、福建等沿海较为发达的省,都要对口帮助西部的一两个贫困省、区发展经济"。此后,对口支援规模不断扩大,支援方式开始逐渐由"输血式"向"造血式"转变,扶贫协作与对口支援的领域和范围不断深化,并持续往制度化的方向发展。

---

1. 《中共中央关于经济体制改革的决定》,1984年10月20日。

三、东西部扶贫协作的实践探索阶段（1996年—2012年）

自 1994 年《国家八七扶贫攻坚计划》实施之后，全国绝对贫困人口数量大幅下降，相对贫困问题日渐突出，在江泽民"先富带动后富"思想指引下，东西部扶贫协作开始正式启动和实施。1996 年 5 月 31 日，国务院扶贫开发领导小组在京召开"全国扶贫协作工作会议"，研究确定了东西扶贫协作结对关系。1996 年 7 月 6 日，《国务院办公厅转发国务院扶贫开发领导小组关于组织经济较发达地区与经济欠发达地区开展扶贫协作报告的通知》"确定由北京市与内蒙古自治区，天津市与甘肃省，上海市与云南省，广东省与广西壮族自治区，江苏省与陕西省，浙江省与四川省，山东省与新疆维吾尔自治区，辽宁省与青海省，福建省与宁夏回族自治区，大连、青岛、深圳、宁波市与贵州省，开展扶贫协作"。[1] 至此，东西部扶贫协作作为一项国家政策被正式提出，并在全国范围内全面启动。

1996 年 10 月，《中共中央 国务院关于尽快解决农村贫困人口温饱问题的决定》中进一步将结对帮扶的范

---

1. 《国务院办公厅转发国务院扶贫开发领导小组关于组织经济较发达地区与经济欠发达地区开展扶贫协作报告的通知》（国办发〔1996〕26 号），1996 年 7 月 6 日。

围由省市扩展到了县级，更深层次地推动了东西部地区对口帮扶和扶贫协作工作的开展。1997年1月，国务院扶贫开发领导小组分别召开东部省、市扶贫协作座谈会，1999年4月，国务院扶贫开发领导小组召开全国东西扶贫协作经验交流会，两次会议对东西扶贫协作工作中好的经验做法进行了及时总结和肯定。2001年6月《国务院关于印发中国农村扶贫开发纲要（2001—2010年）的通知》提出，在认真总结沿海发达地区对口帮扶西部贫困地区经验的基础上，进一步扩大协作规模，鼓励和引导各种层次、不同形式的民间交流与合作，特别是要注意在互利互惠的基础上，推进企业间的相互合作和共同发展。[1]在胡锦涛"对口帮扶"思想指引下，2009年3月12日，国务院扶贫开发领导小组办公室下发关于印发《2009—2010年东西扶贫协作工作指导意见》的通知，肯定了近十年来东西部扶贫协作取得的经验成效，并进一步提出"东西扶贫协作是一项政治性很强的工作，东西省（区、市）双方要加强领导，高度重视"。[2] 2010年，国务院对部分省区市扶贫协作关系进行调整，确定了新的东西部扶贫协作关系，东西

---

1. 《国务院关于印发中国农村扶贫开发纲要（2001—2010年）的通知》（国发〔2001〕23号），2001年6月13日。
2. 关于印发《2009—2010年东西扶贫协作工作指导意见》的通知（国开办发〔2009〕24号），2009年3月12日。

部扶贫协作再上新台阶。随着改革开放的持续发展和综合国力的大幅提升，中国东西部扶贫协作也开始走向深化和拓展的新道路。

四、东西部扶贫协作的完善创新阶段（2013年至今）

自2013年以来，在以习近平同志为核心的党中央领导下，着眼于全面建成小康社会和实现共同富裕的伟大目标，东西部扶贫协作和对口支援工作逐步得到完善和拓展。2014年1月25日，中共中央办公厅、国务院办公厅印发的《关于创新机制扎实推进农村扶贫开发工作的意见》中指出，要充分发挥定点扶贫、东西部扶贫协作在社会扶贫中的引领作用，支持各民主党派中央、全国工商联和无党派人士参与扶贫开发工作，鼓励引导各类企业、社会组织和个人以多种形式参与扶贫开发。[1] 2015年11月29日，《中共中央 国务院关于打赢脱贫攻坚战的决定》中指出，要从建立精准对接机制、增加对口帮扶财政投入、强化企业合作、强化重点县（市）结对帮扶、建立考核评价等层面明确健全东西部扶贫协作

---

1. 中共中央办公厅 国务院办公厅印发《关于创新机制扎实推进农村扶贫开发工作的意见》，2014年1月25日。

机制的任务要求。随后,在中央陆续出台的有关脱贫攻坚的政策文件中,多次将东西部扶贫协作和对口支援作为重要工作予以部署。2016年11月23日,国务院出台《"十三五"脱贫攻坚规划》,要求发挥东西部扶贫协作的引领示范作用,开展多层次扶贫协作,提出建立东西部扶贫协作与建档立卡贫困村、贫困户的精准对接机制,劳务协作对接机制,考核评价机制,协作双方每年召开高层联席会议等任务要求。2017年党的十九大报告明确提出"深入实施东西部扶贫协作,重点攻克深度贫困地区脱贫任务"。[1] 2020年10月《中共中央关于制定国民经济和社会发展第十四个五年规划和二〇三五年远景目标的建议》指出:"要在西部地区脱贫县中集中支持一批乡村振兴重点帮扶县,增强其巩固脱贫成果及内生发展能力。坚持和完善东西部协作和对口支援、社会力量参与帮扶等机制。"[2]

总的来看,这一时期,东西部扶贫协作和对口支援工作取得了许多显著的成果,随着工作的推进,东西部扶贫协作在政策制定、项目规划、资金管理、人员管理等方面的体制机制不断健全,协作领域逐渐纵深化,结

---

1. 习近平总书记在中国共产党第十九次全国代表大会上的报告,2017年10月18日。
2. 《中共中央关于制定国民经济和社会发展第十四个五年规划和二〇三五年远景目标的建议》,2020年10月29日。

丰都县三建乡　高志向摄

对范围逐渐精准化，对口支援模式也在不断完善和成熟，使得东西部扶贫协作的内生动力逐渐显现。[1]

---

1. 赵定东，宋睿，徐港皓.东西部扶贫协作的阶段、特点与发展趋势探究.杭州，2020（21）.

鲁渝扶贫协作的指引遵循与工作指导

一、对东西部扶贫协作的要求

（一）指导思想

习近平总书记始终关注中国的贫困及扶贫问题，并提出了解决贫困的一系列措施，形成了针对扶贫脱贫的重要论述。习近平总书记"东西部扶贫协作"的重要论述是在中国特色社会主义理论体系背景下形成的。一方面，实现共同富裕，要兼顾不同区域间的协调发展，"共同富裕"是东西部扶贫协作产生的理论基础，也是中国特色社会主义的本质要求。另一方面，"全面建成小康社会"宏伟目标是东西部扶贫协作重要论述产生的现实需求。

（二）主要目标

在坚持以习近平同志为核心的党中央领导下，促进东西部协作扶贫不断深入推进，对口支援工作机制不断健全，合作领域不断深化；要不断通过开展产业合作、组织劳务协作、加强人才援助、加大资金支持、动员社会参与，使人民生活水平逐渐得到改善；要确保2020年西部地区现行标准下农村贫困人口实现全面脱贫，决胜脱贫攻坚，解决区域性整体贫困，有效衔接乡村振兴，实现全面小康。

（三）基本原则

1.坚持党的领导，强化组织保证。加强党的领导是根本，双方党政主要负责同志要亲力亲为推动工作，加大组织实施力度，完善扶贫协作领导责任制。将东西部协作扶贫和对口支援工作纳入重要议事日程，发挥各级党委和政府的总揽全局协调各方作用，落实好"中央统筹—省负总责—市县抓落实"的管理体制，强化组织保证。

2.坚持精准聚焦，提高帮扶实效。2015年习近平总书记在中央扶贫工作会议上强调："脱贫攻坚要取得实实在在的效果，关键是要找准路子、构建好的体制机制，抓重点、解难点、把握着力点。"[1]东西部扶贫协作和对口支援要聚焦精准，把贫困识别和建档立卡工作做实，产业合作、劳务协作、人才支援、资金支持都要瞄准建档立卡贫困人口脱贫精准发力，解决好"扶持谁，谁来扶，怎么扶"的问题，帮扶资金和项目重点向贫困村、贫困群众倾斜，因地制宜，因人因户制宜，切实提高帮扶成效。

3. 坚持优势互补，鼓励改革创新。东西部协作扶贫要立足对口支援双方的实际情况，因地制宜制定帮扶举措，坚持优势互补、长期合作、聚焦扶贫、努力实现互惠共赢，共同发展。鼓励改革创新，探索先富帮后富、逐步实现共同富裕的新途径新方式，携手助力脱贫攻坚。

4. 坚持社会动员，凝聚各方力量。东西部协作扶贫要在完善结对关系、落实对接机制的基础上，动员各级党委政府、人民团体、企事业单位、社会组织和各界人士积极参与到脱贫攻坚工作中来。要坚持专项扶贫、行业扶贫、社会扶贫等多方力量、多种举措有机结合和互为支撑的"三位一体"大扶贫格局，健全东西部协作、党政机关定点扶贫机制，凝聚各方力量，

---

1. 习近平总书记在中央扶贫开发工作会议上的讲话，2015年11月27日。

云阳县泥溪镇　董亚林摄

形成脱贫合力。

5. 坚持群众主体，激发内生动力。东西部协作扶贫不仅对象是群众，主体更是群众，要坚持群众参与的基础，加强扶贫同扶智、扶志相结合，充分调动贫困群众参与脱贫的积极性、主动性和创造性，组织和支持群众自力更生，艰苦奋斗，激发内生动力，凝聚起脱贫攻坚的强大力量。

二、对鲁渝扶贫协作的工作指导

为深入推进东西部扶贫协作，习近平总书记在多个重要场合，多次发表重要讲话，为东西部扶贫协作提供重要指导。2015年11月27日，习近平总书记在中央扶贫开发工作会议上强调："要强化东西部扶贫协作。东部地区不仅要帮钱帮物，更要推动产业层面合作，推动东部地区人才、资金、技术向贫困地区流动，实现双方共赢。"[1] 2016年到2020年五年间，习近平总书记先后两次赴重庆考察，发表有关扶贫工作的重要讲话，指导重庆和山东两地的扶贫协作工作。鲁渝两地始终坚持把深入学习贯彻习近平总书记关于扶贫工作重要论述作为首要政治任务，全面贯彻落实决战决胜脱贫攻坚座谈会精神和视察重庆时的讲话精神，始终把打赢脱贫攻坚战作为增强"四个意识"、坚定"四个自信"、做到"两个维护"的政治检验，不断增强脱贫攻坚紧迫感、责任感和使命感。随着鲁渝扶贫协作的深入开展，习近平总书记的有关重要讲话精神也在重庆落地生根，贯穿进脱贫攻坚工作的方方面面，为重庆扶贫工作以及鲁渝扶贫协作工作的开展，提供了强大的思想武器和行动指南。

（一）扶贫开发成败系于精准

2016年1月4日至6日，习近平总书记首次赴重庆考察时提出："扶贫开发成败系于精准，要找准'穷根'、明确靶向，量身定做、对症下药，真正扶到点上、扶到

---

1. 习近平总书记在中央扶贫开发工作会议上的讲话，2015年11月27日。

根上。脱贫摘帽要坚持成熟一个摘一个,既防止不思进取、等靠要,又防止揠苗助长、图虚名。"[1]这强调了扶贫工作聚焦精准的战略要求。鲁渝扶贫协作开展以来,重庆和山东两地在产业合作、劳务协作、人才支援、资金支持等方面皆瞄准建档立卡贫困人口脱贫精准发力,聚焦深度贫困,紧扣"两不愁三保障"标准,市、区县、乡镇、村四级联动,对深度贫困乡镇、剩余贫困人口较多或某方面存在明显短板弱项的行政村实行定点攻坚,形成了多层次、广渠道、大范围的帮扶体系,助力重庆深度贫困地区如期高质量打赢脱贫攻坚战。

(二)用制度体系保障贫困群众真脱贫、稳脱贫

2019年4月15日,习近平总书记在第二次考察重庆时强调:"脱贫攻坚战进入决胜的关键阶段,务必一鼓作气、顽强作战,不获全胜决不收兵。""要把工作往深里做、往实里做,用制度体系保障贫困群众真脱贫、稳脱贫。"[2]在习近平总书记重要讲话指导下,重庆和山东两地不断开展交流合作,通过建立和完善多层次对接机制、全方位考核机制,签订东西部扶贫协作协议,印发《2020年重庆市东西部扶贫协作工作要点》等一系列

---

1. 习近平总书记在重庆调研时的讲话,2016年1月。
2. 习近平总书记在重庆考察时的讲话,2019年4月。

文件，进一步强化制度保障，明确责任部门，压实工作责任。深化拓展，包括产业扶贫、就业扶贫、医疗扶贫、教育扶贫在内的八个重点领域的协作，确保各项政策措施落实到位，取得了实实在在的效果。

（三）党员干部要到脱贫攻坚的一线

2015年11月27日，习近平总书记在中央扶贫开发工作会议上指出："越是进行脱贫攻坚战，越是要加强和改善党的领导。脱贫攻坚战考验着我们的精神状态、干事能力、工作作风，既要运筹帷幄，也要冲锋陷阵。"[1] 2019年，习近平总书记在重庆考察时强调："各级党委和政府要把'两不愁三保障'各项措施落实到村、到户、到人。要加强乡村两级基层党组织建设，更好发挥在脱贫攻坚中的战斗堡垒作用，提高党在基层的治理能力和服务群众能力。党员干部要到脱贫攻坚的一线、到带领群众脱贫致富的火热实践中历练，经受考验，磨炼党性，增进群众感情，增强做好工作的本领。"[2] 根据习近平总书记的要求，鲁渝两地在扶贫协作过程中，不断推进领导互访和干部互派，安排村支部书记往返山东重庆交流学习，开展"支书赴鲁挂职取经"活动，激励贫困村干部能干事、

---

1. 习近平总书记在中央扶贫开发工作会议上的讲话，2015年11月27日。
2. 习近平总书记在重庆考察时的讲话，2019年4月。

干成事。安排14个区县党委、政府和17个市级部门主要负责同志带队赴山东调研对接，推动鲁渝协作全方位开展。鼓励支持基层干部、组织党员干部认领帮扶几家贫困人口，充分发挥党员的先锋模范作用。

（四）要把防止返贫摆在重要位置

2019年，习近平总书记指出："脱贫既要看数量，更要看质量。要严把贫困退出关，严格执行退出的标准和程序，确保脱真贫、真脱贫。要把防止返贫摆在重要位置，适时组织对脱贫人口开展'回头看'。贫困县摘帽后，要继续完成剩余贫困人口脱贫任务，实现已脱贫人口的稳定脱贫。"[1] 2020年，习近平总书记在决战决胜脱贫攻坚座谈会上强调："随着越来越多贫困人口脱贫、贫困县摘帽，一些地方出现了工作重点转移、投入力度下降、干部精力分散的现象。问题仍未得到有效解决，部分贫困群众发展的内生动力不足。"[2] 根据习总书记的要求和指导，重庆和山东根据实际情况，坚持做到：一是摘帽不摘责任。将东西部扶贫协作纳入脱贫攻坚成效考核，持续深化鲁渝两地市县乡村立体化结对帮扶，持续巩固摘帽县脱贫攻坚成果。二是摘帽不摘政策。继续实施《关于支持鲁

---

1. 习近平总书记在重庆考察时的讲话，2019年4月。
2. 习近平总书记在决战决胜脱贫攻坚座谈会上的讲话，2020年3月6日。

酉阳县车田乡　詹江摄

渝扶贫协作的若干政策》，制定实施《关于积极应对新冠肺炎疫情影响切实做好东西部扶贫协作工作的通知》等政策文件，确保克服新冠肺炎疫情影响、高质量打赢脱贫攻坚战。三是摘帽不摘帮扶。2020年，山东省在资金支持、人才交流、劳务协作、消费扶贫、产业合作、社会帮扶等方面持续加力，各项工作力度均超过去年同期水平，全面超额完成协议目标任务。四是摘帽不摘监管。加强日常监管和动态监测，建立常态化督查巡查机制，组织市委脱贫攻坚专项督导小组对33个区县决战决胜脱贫攻坚战进行专项督导，市纪委监委开展脱贫攻坚专项巡视。

第二章·鲁渝扶贫协作的政策设计与实践创新

鲁渝扶贫协作各单位积极探索协作新形式，积极创新协作方法，牵好党建这一鲁渝扶贫协作的"牛鼻子"，激发基层党组织的活力，协作单位党组织选拔符合要求的党员干部深入扶贫一线，推动多领域的协作项目落地。通过各项实践创新，培养集党性理念、职业素养、公共道德、奋发精神于一体的党员、干部和群众，打造集特色、效益、可持续于一体的扶贫协作体系。

鲁渝扶贫协作的政策设计

　　1997年重庆直辖后，为加快重庆扶贫攻坚进程，2002年国务院扶贫开发领导小组印发《关于厦门市、珠海市与重庆市建立扶贫协作的通知》(国开发〔2002〕1号)，安排厦门市、珠海市与重庆开展扶贫协作。其中，珠海市与奉节、巫山、巫溪建立扶贫协作，厦门市与万州、黔江、武隆建立扶贫协作。2010年，国务院对部分省区市扶贫协作关系进行调整，确定了新的东西部扶贫协作关系，提出山东结对帮扶重庆，标志着鲁渝扶贫协作开始步入正轨。两地双方开始就扶贫协作开展对接工作，制定了一系列政策措施，推动项目资金人才落地生根。

一、领导互访与干部互派机制

　　自2015年打赢脱贫攻坚战的冲锋号吹响以来，山东与重庆持续加强互访对接,顶层设计不断完善。先后印发《建立鲁渝扶贫协作对接机制的实施意见》《完善鲁渝扶贫协作对接机制的实施意见》,进一步加强两地党政领导同志互访并召开高层联席会议,推动14个区县党委、政府和17个市级相关部门主要负责同志每年均带队赴山东调研对接,每年签订扶贫协作协议,制定年度工作要点,确定重点工作任务,逐项逐条分解到市级相关部门和区县,确保每项协作事项落地,合力推动鲁渝全方位合作。要求区县主要领导赴山东开展调研对接1次以上,完善协作体制机制,就扶贫协作的重大事项和重要工作进行对接磋商,切实做到共谋、共推、共管;每年至少须派出2批次党政负责同志赴山东召开扶贫协作联席会议,签署合作协议,研究确定协作事项,务实推进协作事宜,做好工作衔接,强化组织保障。

同时,山东与重庆强化人才交流提质增效,促进"志""智"双扶。鲁渝两地积极推动党政干部交流互派,组织重庆14个国家级贫困区县累计选派党政干部到结对地市挂职锻炼,探索选派优秀年轻干部到山东市级经济部门、开发区跟班学习,贫困村党组织书记到山东省结对市县综合实力较强的村社开展挂职学习、跟班锻炼,激励贫困村干部能干事、干成事,为党员干部创造开阔眼界、增长才干的实践机会,着力培养一支懂扶贫、会帮扶、作风硬的扶贫协作带头人队伍。

酉阳县车田乡　詹江摄

二、部门衔接与县乡对接机制

为推动鲁渝扶贫协作的深入开展和顺利实施，两地持续加强部门衔接，县乡对接，完善扶贫协作细节和工作任务。由承担扶贫协作任务的包括市委组织部、市教委、市人力社保局、市农业农村委、市商务委、市文化旅游委、市卫生健康委、市工商联、市残联等在内的17个市级有关部门，以及结对帮扶的各个区县党委、政府，按照扶贫办牵头、卫健委对接卫健委、人社局对接人社局、组织部对接组织部的方式对口衔接两地的扶贫协作和对口支援工作。另外，重庆市级各责任部门主要负责同志每年至少要赴山东对口部门开展调研对接1次，

云阳县泥溪镇　钟志兵摄

保持与山东对口部门常态化开展沟通对接，每季度主动通报交流工作推进情况，核对更新工作台账，确保两省市信息沟通及时、指标数据一致。

在县乡对接和村村对接方面，2016年山东省安排了14个地市分别帮扶重庆市的14个国家级扶贫重点区县，并在此基础上又增加了14个经济强县开展结对帮扶（见下表），积极推动调研对接和到访，选派村支部书记赴山东交流学习。区县党委和政府在与对口支援和结对的对象沟通协调基础上，不断加强与帮扶区、镇、村以及企业建立精准对接体系，就项目援建、产业扶持、民生改善、人才培养、平台构建等方面进行有效对接，并结合各自的实际情况，推动政策措施和资金项目落地生根，深化山东和重庆的县乡结对和村村结对关系，促进双方合作关系不断紧密，为带动贫困人口全面脱贫，推动重庆的脱贫攻坚以及两地的经济社会协调发展注入强劲的动力。

鲁渝扶贫协作结对关系表

山东省		重庆市
市	县（市、区）	结对区县
济南市	历下区	武隆区
淄博市	沂源县	石柱县
枣庄市	滕州市	丰都县
东营市	广饶县	酉阳县
烟台市	龙口市	巫山县
潍坊市	寿光市	开州区
济宁市	邹城市	万州区
泰安市	肥城市	巫溪县
威海市	荣成市	云阳县
日照市	东港区	黔江区
临沂市	兰山区	城口县
德州市	齐河县	秀山县
聊城市	茌平区	彭水县
滨州市	邹平市	奉节县

三、资金引进与项目牵引保障

截止到 2020 年 11 月，山东省累计拨付重庆财政援助资金近 24 亿元，主要安排用于山东省结对帮扶的重庆市 14 个国家级扶贫开发工作重点区县。其中，固定资产投资类援建项目重点安排用于改善建档立卡贫困群众基本生活条件、提高贫困地区公共服务能力和水平、支持贫困地区产业发展等。非固定资产投资类援建项目重点安排用于劳动力培训、人才交流、科技服务、经贸合

云阳县泥溪镇　陆纲摄

作、文化交流、旅游合作等。加快实施援建项目，落实社会捐赠资金，推动资金项目直接惠及贫困群众；成立山东·重庆扶贫协作产业合作联盟，引导山东企业赴重庆贫困区县投资兴业，建设产业园区和现代农业、文旅产业示范基地，以及各项产业化项目，推动重庆产业转型升级，增强贫困地区的"造血"功能和发展内生动力；设立鲁渝协作企业合作投资基金，实施产业项目；持续深化劳务协作，新建、改扩建鲁渝就业扶贫车间，帮助贫困人口实现转移就业或就近就地就业。

四、人才交流与科技合作制度

为响应党中央提出的"扶贫还要扶智"，重庆和山东两地持续强化人才交流，互派教师、医生、农技人员，培训各类专业技术人员，力争建成一支留得住、能战斗、带不走的人才队伍。在充分发挥山东省职教优势资源作用的基础上，引导山东省各类职业学校、技工学校、培训机构到重庆开办分校或开展职业培训，开展订单、定岗、定向等"组团式"培训，对重庆贫困人口开展教育培训，鼓励引导贫困学生就读山东职业学校，增强贫困群众劳动技能，促进贫困群众增收致富。

此外，鲁渝扶贫协作机制充分发挥山东省高新技术、人才资源等优势，引进山东省科技型企业参与重庆

巫溪县红池坝　　陆纲摄

贫困地区资源开发利用。鼓励和支持两地科研院校、企业共建科技创新服务平台，共同实施科技项目。引导两省市高校联合办学，推动山东优质职校到重庆发展，建立科研院所对接合作体系，支持两省市高校、科研院所及企业加强产学研用合作，推进双方重大科研基础设施、大型科研仪器以及科普资源的开放共享。根据重庆实际需求，积极对接引进一批山东省农业科技等领域先进实用技术，提高贫困区县科技水平。

党建引领，结对帮扶探索新经验

坚持党建引领、加强组织领导工作是鲁渝扶贫协作的重要任务之一，也是鲁渝扶贫协作机制顺利运转的关键环节。扶贫协作各单位基层干部充分发挥能动性，结合帮扶地区的需求和情况，采取成立党支部的方式方法，加强对基层党组织的建设。

一、党建打通扶贫协作"最后一公里"

（一）临时党支部"抓问题促解决"

党支部是党的战斗力基础，只有充分发挥党支部的作用，才能更好地团结群众做好脱贫的各项工作。鲁渝扶贫协作单位以问题解决为抓手，通过建立临时党支部的方式，充分发挥党员的模范作用，协调扶贫协作工作。山东省济南市和重庆市武隆区建立临时党支部是其中的典型代表。

一是充分发挥临时党支部的政治核心作用。坚持以党建为引领，以理论学习为抓手，以抓好健康扶贫工作为载体，不断强化支医专家的政治担当，坚定脱贫攻坚战必胜信心。坚持开展主题党日活动，两年来临时党支部先后在武隆区人民医院、武隆区疾控中心、武隆区中医院等地组织开展主题党日活动7次，结合队伍特点，发挥专业特长，与受援单位充分交流，为医院学科建设和人才培养建言献策。

二是充分发挥党员的先锋模范作用。支部党员们不畏艰辛，主动请缨，深入基层开展健康扶贫工作。其中，武隆临时支部党员、对口支援医学专家王锡主动到深度贫困乡后坪乡开展中医治疗技术辅导工作，15天内让卫生院用药占比同期下降34%，并帮助后坪乡卫生院建立鲁渝扶贫协作济南市援建针灸特色门诊；支部党员刘文斌、曹萌主动和后坪乡文凤村、江口镇三河村贫困户建立扶贫对口关系，捐款捐物并提供医疗保健服务；支部党员姜婕走访10个乡镇，上门为贫困户患者提供查体服务。党支部团结支医队员，先后组织支医专家们在仙女山街道、江口镇、后坪乡、武隆区中医院等地开展义诊活动8次。2020年7月，在重庆遭受特大洪水灾害时，临时党支部及时发出倡议，李新伟等27名对口支援医学专家迅速响应，为武隆区长坝镇民主村的受灾群众捐款

5400 元，帮助受灾群众恢复生产生活。

（二）联合党支部"全员全覆盖"

重庆市残联与山东省扶贫协作单位共同联合，认真学习习近平总书记关于东西部扶贫协作的重要论述、相关会议精神，对重庆贫困区县的残疾人进行摸底考察，开展严密的验收评估，充分发挥了山东援助资金带贫带残效益，为重庆市贫困残疾人脱贫攻坚提供了新动力。

一是充分考察论证，确保项目带贫效益精准。将残疾人最需要、最期盼的作为工作的方向和目标。为使 2020 年山东援助资金投向更加精准，协作项目带贫效益更高，重庆市残联广泛征求 14 个贫困区县残联意见建议，各区县残联通过入户走访、电话联系等方式开展调查，尤其是对建档立卡贫困残疾人实现筛查摸底全覆盖。由于贫困残疾人安装假肢的愿望强烈，安装假肢不但可以为出行、生产生活提供方便，也能提高生活的自信心。经与山东省扶贫协作重庆干部管理组和山东省残联协商，最终确定将"贫困残疾人假肢适配项目"作为 2020 年东西部残疾人扶贫协作援助资金支持的内容。

二是严密验收评估，确保项目助残成效显著。重庆市残联成立质量验收小组，经办人、相关技术人员和机关纪委人员为成员，对假肢材料的数量、规格、型号、

巫溪县红池坝　刘庆丰摄

质量等进行逐一验收，保证了材料与合同内容完全匹配。在各适配机构到区县装配期间，重庆市残联领导带队到相关装配点对假肢的装配情况进行检查指导，了解残疾人对假肢装配后的满意度，并要求各适配机构认真听取残疾人对使用情况的反馈意见，尽量满足残疾人的实际需求，确保假肢适配项目让残疾人受益。

（三）党支部"扎根基层促发展"

在山东·重庆东西部扶贫协作战略框架下，山东省烟台市强化责任担当，持续加大资金、产业、人才等支持力度，多措并举，对口帮扶重庆市巫山县，促进探索

巫溪县红池坝　李方全摄

创新，成功移植烟台"村党支部领办合作社"经验，依托"党支部引领+专家技术支撑+合作社统一管理+市场化销售+品牌化运营"发展模式，引进发展烟台优质高效果蔬产业，为巫山县顺利脱贫摘帽、决战决胜脱贫攻坚做出重要贡献。

在解决"怎么做"的问题上，巫山县金坪乡由党支部成员带头，在对接好相关部门、了解相关政策和本土发展优势的基础上，代表村集体注册成立农民专业合作社，组织村集体和群众以土地、资金、劳动力等入股，带动实现抱团发展、规模经营、共同致富，建立起集体和群众利益共享、风险共担的经济利益共同体。具体做法：

一是实现"村党支部领办合作社"全覆盖。积极引进烟台"村党支部领办合作社"做法，目前金坪乡所有行政村均实现由村党支部领办合作社，乡成立合作社联合社，实现统筹协调管理。

二是引导土地入股，实现规模经营。在"村党支部领办合作社"基础上，由合作社负责所在产业园的土地经营和管理，由村支书任合作社理事长、村主任任监事长、村民代表任财务监督组组长。合作社与农户签订入股协议，农户、村集体和合作社按6∶3∶1的比例入股分红，形成土地规模效应。产业园丰产后，村集体收益的50%再用于贫困户收益分红。

二、案例特写

党建引领促脱贫 三治融合促振兴
——武隆区天池苗寨做法

天池苗寨党员管理采取量化积分管理细则办法，除了对党员进行管理，也利用公序良俗对群众进行约束和管理，形成一套特有的乡村自治管理机制。此外，在村里成立寨民议事厅，由原来"无人带头、无人管理"，到有一批人牵头，开始研究如何搞好乡村发展，带领农民群众一步步探索脱贫之路。在脱贫攻坚战取得阶段性胜利的今天,扶贫产业(旅游业)重新吸收了一部分原本外出务工的农民,为乡村汲取了一部分宝贵的人力资源,再加上遍地开花的扶贫成果有目共睹,也说服了原本对扶贫工作信心不坚定的贫困户,吸纳更多的人形成更大的团结力量,共同从脱贫之路走向致富之路。

利用山东援助资金将底层养猪圈改成非物质文化遗产收藏处,将木制工具以及过去使用的即将失传的田间农具收藏起来,是文化传承的典型做法。楼上则是木制特色宾馆,与城市建筑风格不同,展现了乡村特色。

山东省对口提供烧烤器械支持,配上少数民族的篝火晚会,热情似火的冬季旅游项目,可以带给游客非同寻常的体验,如果能再通过邀请明星、网红等用公益形式实地拍摄生动的宣传片,优化乡村宣传策略,适当采用一些营销手段,将更好打响当地特色知名度。

腊肉、酸汤鱼等是本地的饮食特色,加上土家族、苗族人民热情好客的性格、别具一格的少数民族风情,给游客带来"视听味"多重感官上的冲击。如果能在旅游服务过程中更加注重突出特点,例如加入少数民族特有的待客

石柱县中益乡　甘红兵摄

礼仪、提供少数民族服装、在乡间播放少数民族歌曲等，可以更加突出当地特色，而且在脱贫过程中，又促进不同民族之间的文化交流与传承。

由政法委等资助建立的便民服务中心、国家拨款开通的水泥路，提高了乡村的基础设施水平，奠定了乡村旅游业做大做强的第一步，俗话说得好，"要想富先修路"，道路、基本公共服务设施等和乡村发展是相辅相成的，在此基础上进一步巩固和深化已经取得的发展成果，将乡村旅游做大做强，进一步吸引外出务工的人员返乡，提升整村群众的幸福感。

三、实践成效

基层党组织建设，极大地发挥了党在鲁渝扶贫协作中的引领作用，加强了党的政治领导、组织领导和思想领导，带领和团结了两地人民，在鲁渝扶贫协作中取得显著的脱贫成果。

（一）加强领导，激发基层党组织活力

通过党建引领，改善了基层党组织涣散的问题，整顿了鲁渝扶贫协作中的党风党纪，激发了基层党组织活力，培养储备了村级后备力量2.1万名，党的领导力量得到加强。以奉节为例，在山东和重庆两地的组织部门的指导下，自2018年开始奉节县组织成立了"中共滨州·奉节扶贫协作党支部"，把滨州到奉节的党政干部和专业技术人员中的党员全部吸纳到党支部来。临时党支部经常性地开展活动，形成具有向心力、凝聚力的基层党组织，以党建引领扶贫协作工作顺利有序进行。基层党组织在协作扶贫中创新了管理党员方式方法，整顿了协作扶贫中的党风党纪，严格要求党员和扶贫干部。20多万名干部参与结对帮扶，党在农村的组织动员和社会治理能力明显提高。广大扶贫干部扎根一线，群众满意度显著提升，进一步密切了党群干群关系。

（二）加强沟通，确保措施任务落实到位

两地党委、政府深入学习贯彻落实习总书记关于东西部扶贫协作重要指示精神，各级政府按重庆市和山东省要求制定了东西部扶贫协作具体计划等文件，健全了工作机制，确保有顺畅运转的制度设计，同时切实强化了组织，确保措施任务落实到位。通过高层领导互访调研，成立联合或临时党组织，通过党支部联系群众，精准了解贫困户需求，提高了沟通的有效性，促进鲁渝扶贫协作的深入发展。自鲁渝扶贫协作以来，重庆山东双方主要领导进行了多次互访并召开了多次高层联席会议，研究确定扶贫协作事项，召开脱贫攻坚领导小组会33次，专题研究东西部扶贫协作；印发了《关于进一步明确东西部扶贫协作工作领导小组成员单位职能职责的通知》，对相关工作进行了细化落实，工作机制更加健全，协作扶贫工作顺畅有序；鲁渝协作双方在互相了解对方的需求后，通过各组织和各单位党组织的引领协作，更加有效和有序地开展鲁渝扶贫协作工作，提高扶贫的精准度。

（三）积极对接，巩固拓展结对帮扶关系

重庆市14个区县党委和政府主要领导多次赴山东省结对市县调研对接，开展市县结对、县乡结对等多层次多形式结对帮扶活动，推动了结对帮扶关系新发展、

武隆区后坪乡　刘庆丰摄

协议内容踏实落地，形成了多层次、多主体的结对帮扶模式。党和政府在实施东西部扶贫协作治理过程中，除了开展扶贫工作大量的人力、物力、财力及政策支持之外，也积极引导企业参与，鼓励扶贫项目的市场化运作。以山东省支柱产业、重点项目，以及重庆贫困地区特色资源优势为依托，鲁渝两地把深化产业合作作为鲁渝扶贫协作的重中之重，通过"政府搭台＋市场化运作"

的方式，已成功对接 20 余个大型产业合作项目，涉及商贸物流、现代农业、旅游开发、电子信息、机械制造、生物医药、环保等领域。2018 年，在鲁渝两地工商联的牵头组织下，华泰集团有限公司、广饶科力达石化科技有限公司、山东三星集团有限公司驻重庆分公司、济南便利通企业管理咨询有限公司、泰安巨鼎餐饮有限公司等，分别与重庆市部分贫困地区结成帮扶关系，签订帮扶协议。通过村企结对、社会组织结对，增加了鲁渝双方的经济收益，实现了协作共赢的局面。

人才交流，提质增效激发新动力

人才是东西部扶贫协作的基本保障。因此，自对口支援、东西部扶贫协作和对口合作工作开展以来，中央及鲁渝两地分别推出各项政策措施，强化两地各区县基层干部人才交流，建立健全工作机制，为打赢脱贫攻坚战提供坚强的人才保障和智力支撑。[1]鲁渝两地扶贫协作人才交流工作主要通过基层干部相互挂职、技术岗位对口支援、开展劳务交流新常态三种人才交流机制实施。

一、干部挂职支援交流"心连心"

（一）基层干部相互挂职

对于身处扶贫工作第一线的基层干部而言，唯有从

---

[1]. 中共中央、国务院.关于打赢脱贫攻坚战三年行动的指导意见.[2018-05-31].http://www.gov.cn/zhengce/2018-08/19/content_5314959.htm.

各个层次加强自身能力才能挑起基层扶贫治理工作的重担。习近平总书记指出："我们党历来高度重视选贤任能，始终把选人用人作为关系党和人民事业的关键性、根本性问题来抓。"[1]为更好地沟通开展扶贫工作，山东省与重庆市持续加强互访对接，重庆市14个区县党委、政府和17个市级相关部门主要负责同志每年均带队赴山东调研对接，合力推动鲁渝全方位合作。鲁渝两地多次组织多个国家级贫困区县的优秀基层干部到山东结对地市挂职锻炼，鼓励年轻干部到对口支援区县跟班学习。按照"学其所长、补己所短，民风相似、村情相近"的原则，重庆市与山东省开展精准对接，聚焦产业振兴、致富增收、环境整治等方面，共同商定接收村社，"一对一"安排挂职地点和岗位，千方百计为村基层干部创造开阔眼界、增长才干的实践机会，着力培养一支懂扶贫、会帮扶、作风硬的农村带头人队伍。如重庆市云阳县南溪镇吉仙村党支部书记谭显银被安排到拥有"国家级传统村落""山东省美丽乡村"等多个荣誉称号的山东省威海市荣成市留村挂职学习。实践学习期间，他认真总结留村在环境卫生整治、风土人情打造等方面的做法，回渝后，在吉仙村探索推广村民社会征信管理、志愿者年度评星等山东经验，努力以美丽村居增添村民幸福感。

---

1. 习近平总书记在全国组织工作会议上的讲话，2013年6月。

（二）技术岗位对口支援

鲁渝两地扶贫协作工作一直以聚焦人才协作为重点，构筑帮扶长效机制，力图打造稳健型、长久型扶贫协作模式。两地通过在医疗、教育、现代农业等专业性较强的领域开展人才对口支援合作，依据当地自然地理条件与人文特色充分发挥扶贫工作实效。在医疗协作方面，两地签署一系列医共体协议，山东省医学院校和三级甲等医院与重庆市重点区县进一步深化细化实化协作领域，将协作关系再次提档升级，建立紧密型医疗协作关系。山东省按照"组团式"帮扶要求，将 1000 余名常驻支医人员整合打包，对重庆市贫困区县的相关科室、专业和乡镇卫生院整体帮带。此外，鲁渝还创新院校联合人才培养模式，紧紧围绕医师学历升级、医学生实习、建立高层次医学人才培养工作站等方面开展紧密协作，增强重庆贫困区县医疗人才储备能力。

（三）劳务交流常态化

山东与重庆多方开辟工作岗位，架起劳务协作稳岗就业的"民心桥"。两地在职业技能培训、扶贫车间建设、就业信息动态互通、家庭服务业对接等方面开展"靶向式"合作。一是畅通转移就业通道。双方人社部门加强沟通，每年举办 1—2 次专场招聘活动，2020 年因疫情影响改现场招聘为网上招聘。二是建设就近就业平台。通过新建、补助等方式，建设扶贫车间，其中在重庆市奉节县安坪镇建设7700多平方米的大型扶贫车间，吸引9家企业入驻，带动400人就业，打造形成鲁渝协作就业创业园。三是抓好就业技能培训。为提升贫困群众就业能力，连续举办中式烹饪、阴沉木雕刻和刺绣培训。四是探索"行政+市场"的工作机制。通过在济南成立重庆农民工驻山东办事处的形式，依托驻鲁川渝商会等优势资源，引导更多社会资源参与鲁渝劳务扶贫协作工作。同时，两地还组织线上线下联动的精准招聘，开设

酉阳县车田乡　詹江摄

鲁渝劳务扶贫协作"线上"招聘专区,举办"线下"联合招聘会。

二、案例特写

聚焦人才协作重点
构筑医疗帮扶长效机制

奉节县中医院成为山东省中医院医共体成员单位,城口县人民医院成为临沂市人民医院医共体成员单位,济宁医学院附属云阳县人民医院揭牌,潍坊医学院开州区人民医院博士工作站建立……随着一批医共体协议的签署和附属医院的揭牌,山东省医学院校和省市三级甲等医院与重庆市重点区县进一步深化细化实化协作领域,将协作关系再次提档升级,建立紧密型协作关系,构筑起医疗智力帮扶的长效机制。

(一)带出一批优秀队伍

自 2017 年起,山东累计选派医疗人才 1000 余人到 14 个区县支医。2020 年,根据中央巡视和国家成效考核反馈问题,山东重点选派肿瘤、心血管、精神、麻醉等专业医师 25

名到重庆各贫困区县进行医疗救助。此次选派的医疗人才全部为主治以上医师，其中，医学博士16人、研究生121人，副高级以上职称76名。支医人员深入贫困区县、乡镇，开展诊疗服务、传授临床经验、指导学科建设，累计收徒1000余人，传授新技术、开展新诊疗项目300余项，举办学术讲座2000余场，开展义诊600余场次，诊疗群众60万余人次，受到基层干部群众一致好评。同时，山东省大力实施人才培训工程，为重庆培训百名卫生系统管理人员、百名乡镇卫生院院长、百名中医骨干、百名村医、千名中医药村医、百名远程诊疗系统骨干，累计培训2170余人。重庆14个区县分期分批安排550余名医护人员到山东对口帮扶医院免费接受脱产培训。

（二）建成一批重点学科和等级医院

三年来，按照"组团式"帮扶要求，山东省将1000余名常驻支医人员整合打包，对重庆贫困区县相关科室、专业和乡镇卫生院整体帮带，帮助重庆贫困区县建立中医肛肠、骨关节、肿瘤科等各类重点专（学）科36个，帮助其创建二级医院两所、三级医院一所。比如，山东省临沂市支医专家宋磊开展腹膜透析与血液透析，为城口县填补治疗尿毒症的医疗技术空白，为该县等级医院创建奠定技术基础；泰安市支医专家武海波帮扶完善巫溪县人民医院腔镜中心的麻醉及复苏室流程，推进该院无痛ERCP麻醉及双腔气管插管技术。

(三)减免一批医疗费用

重庆市卫健委出台文件，明确规定山东省支医专家诊疗的贫困患者，免收挂号费、诊疗费，累计免除贫困患者医疗费用300余万元，受到基层干部群众一致好评。万州等14区县医疗卫生机构发函，再次要求延长山东医疗人才支医时间。

(四)开展院校合作

针对重庆市医学院校少的情况，山东中医药大学在云阳、万州、丰都等4个区县中医院建立附属医院或临床教学医院，潍坊医学院在开州区人民医院建立附属医院，济宁医学院在云阳县人民医院建立附属医院，创新院校联合人才培养模式，紧紧围绕医师学历升级、医学生实习、建立高层次医学人才培养工作站等方面开展紧密协作，增强贫困区

丰都县三建乡　陈云元摄

县医疗人才储备能力。

(五) 加强医共体建设

鲁渝两地探索用互联网方法建设医共体，建立互联网医院，通过整合山东大医院优势医疗资源开展线上线下诊疗服务，实现人才互派交流制度化，院内制剂流通便利化，群众看病多元化，提升重点区县医疗服务水平。

三、实践成效

截至 2020 年 10 月底，鲁渝双方共同开展党政干部培训班 68 期，累计培训 4772 人次，完成年度任务数（4200 人次）的 114%；在人才培训方面，采取线上线下相结合方式，培训专业技术人才 7813 人次，完成年度要点任务数（3350 人次）的 233%。[1] 重庆充分利用山东培训资源对 1399 名党政干部、150 名专技人才（其中：医生 100 名、教师 50 名）、200 名科技人才开展培训，线上培训 400 名专业技术人才。[2] 新时代新气象新作为，鲁渝两地下足"绣花功夫"，大力实施"人才+"工程，巩固提升精准扶贫成效。

（一）汲取经验，人才互派促发展

鲁渝两地紧抓东西部扶贫协作人才机制，紧贴基层干部、医疗、教育等方面的人才需求，深入开展人才交流合作。山东派出驻乡驻村工作队 5800 个，选派驻乡驻村工作队员（含第一书记）2.27 万名，重庆回引本土人

---

1. 调研小组对重庆市扶贫办访谈资料，2020 年 11 月 25 日。
2. 重庆市发改委《关于全市 2020 年东西部扶贫协作半年工作进展情况的通报》，2020 年 7 月 20 日。

才 1.57 万名，20 余万名干部参与结对帮扶，农村的组织动员和社会治理能力明显加强。广大扶贫干部扎根一线，群众满意度显著提升，进一步密切了党群干群关系。经过脱贫攻坚的洗礼，各级干部锤炼了作风，提升了能力，干事创业精气神积极向上，在实践锻炼中不断成长。贫困群众获得感、幸福感大大增强，内生动力得到激发，"既然党的政策好，就要努力向前跑"在广大贫困群众中口口相传，大家由衷感恩总书记、感谢共产党。

（二）互学互访，培养多领域专业人才

鲁渝两地政府把提升群众技能培训、就业能力作为脱贫的硬指标。两地通过实地教学、网络支持等途径，采取群众喜闻乐见的方式，组织一批批专业人才培训医疗、教育、农业知识，增强基层区县专业人才的业务能力。如鲁渝两地医疗卫生系统通过技术扶贫传授新技术、开展新诊疗项目 300 余项，举办学术讲座 2000 余场，开展义诊 600 余场次，诊疗群众 60 万余人次，受到基层干部群众一致好评。济南市、武隆区双方选派优秀医疗卫生技术人员挂职交流 134 人，帮助武隆培训医务人员 324 人。在鲁渝健康扶贫协作领域，健康扶贫由原来单纯委派医生进行以"治病"为主的服务模式转变为从疾病预防入手以"健康"为主，将"大健康观"融入健康扶贫，实现"以治病为中心"向"以健康为中心"的

转变。同时，重庆14个区县分期分批安排550余名医护人员到山东对口帮扶医院免费接受脱产培训。

（三）深入交流，共建友谊合作共赢

鲁渝两地人民通过东西部扶贫协作工作结下了深厚的感情，交流不仅仅是处于物理空间层面，还处于两地人民的心灵交流之中。在2019年山东滨州遭遇利奇马台风引发洪涝灾害时，重庆奉节干部群众共累计捐款109万元回馈滨州长久以来的对口支援帮扶。在新冠疫情的

武隆区后坪乡　赵俊辉摄

冲击下，山东民营企业在努力克服疫情影响、积极复工复产的同时，仍然积极履行社会责任，在与重庆市贫困村开展实地结对的基础上，慷慨解囊，开展捐赠，据统计，捐赠金额达到546万余元。此外，山东各区县虽面临着自身抗疫压力巨大的情况，仍调取各地库存一次性医用口罩万余个、医用防护服千余套支援重庆。曾在重庆扶贫一线的挂职干部和来渝工作过的支医、支教、支农人员自发组织捐款，支援重庆抗击疫情，捐款第一时间用到了防疫一线。在疫情防控的关键时期，为推动复工复产工作，山东到重庆的挂职干部和支医、支教、支农技术人员通过电话和网络展开支援工作。

项目撬动，特色产业推动新发展

产业扶贫协作是鲁渝两地高度重视的战略重点和主要任务。两地加强产业扶贫协作顶层设计的同时，双方立足自身优势，构建出一套有特色、有效益、可持续的产业扶贫协作体系。鲁渝扶贫协作单位多措并举，提高贫困户自我发展能力。各扶贫协作单位通过立足产业发展，变"输血"扶贫为"造血"扶贫；因地制宜，立足山东重庆两地自然与社会经济条件，深化拓展产业合作，构建多层次产业体系，全程跟踪管理产业发展环节，有力推动了重庆产业转型升级，增强了贫困地区的"造血"功能和发展内生动力。

一、产业扶贫项目落地"帮到底"

（一）立足地域，因地制宜构建多层次产业体系

从自然地理条件分析，山东重庆的产业发展特点存

在明显差异。在山东对重庆进行产业对口帮扶中，山东根据重庆先天自然条件，因地制宜发展多层次、有特色的产业帮扶体系。

  一些典型案例与创新做法层出不穷。如山东济宁对口帮扶重庆万州，两地充分考虑实际情况，因地制宜，优势互补，携手发展芦花鸡全产业链，带动贫困户脱贫，解决集体经济空壳问题，帮助群众增收。万州区地势高低起伏，森林资源丰富。济宁市汶上县芦花鸡抗病力强、灵敏好动、口感鲜嫩、经济价值高、养殖门槛低，适合发展成贫困户"家门口"的扶贫产业。经过深入考察和反复论证，两地成功协调农户落户市级深度贫困镇龙驹镇梧桐村，合作共建芦花鸡西南片区生态繁养基地，大力发展"林下养鸡"产业。两地对口协作政府在2019年合作投入380万元协作资金，其中40%作为贫困户和占地村民股份，10%作为村集体股；每年按入股金额的6%分红，剩余的50%支持企业发展。万州再借助国有投资平台建设的4栋繁养车间，租金收入的50%约40万元在未来5年留作村集体经济收入。在发展方面，万州取得重大实效，"10万只芦花绿壳蛋鸡项目"落户龙驹镇梧桐村，可年产"绿壳蛋"3000万枚，芦花鸡正成长为产值上亿元的扶贫支柱产业。

（二）政府牵头，"点对点"创新招商引资强合作

产业扶贫是稳定脱贫的根本之策，是防止返贫和巩固脱贫成果、提升脱贫质量的重要保障。为切实发挥产业扶贫的脱贫增收带动作用，重庆市各级政府部门深入对接山东重点企业，寻求鲁渝产业合作方向。14个鲁渝扶贫协作受援区县各引进2个以上产业项目，新增引进山东投资较2019年增长10%以上。重庆市全面梳理14个区县对接山东项目及目标企业，并与相关区县共同对投资来源地为山东的产业项目进行深入研判，立足重庆所需、山东所能，推动各项产业扶贫协作项目落地落实。其次，在政府牵头带引下，鲁渝深入开展扶贫产业协作交流活动，进行"点对点"招商。重庆市招商投资局联合市发展改革委、山东省发展改革委于2020年5月中旬组织了鲁渝扶贫产业协作交流活动，组织相关区县招商部门负责人赴山东省济南市、淄博市、潍坊市考察交流，先后参观考察了华熙生物科技、金城医药集团、金力特管业等20余家知名企业，深入了解山东省大健康、电子信息、智能制造等产业情况，推介了重庆市营商环境和相关区县产业发展情况，双方搭建了合作平台，并初步达成部分企业合作意向。

（三）跟踪发力，紧盯产业发展"全环节"

产业扶贫发展是一系列条件跟踪落实的过程，包括

资金、技术、政策支持、人才、销售等多个环节。为使鲁渝产业扶贫生根落地，鲁渝两地政府采取多方面措施持续跟踪发力，盯紧产业发展全过程，确保扶贫产业发展可持续。

一是加强资金投入端。2018年以来，山东对重庆投入财政资金18.99亿元，实施帮扶项目1074个，分别占帮扶十年总量的78.9%和76.7%。面对新冠肺炎疫情的冲击，山东在财政增收压力较大的情况下，对重庆的援助力度持续加大，援助重庆市财政资金7.06亿元、社会捐赠1.2亿元，分别比2019年增长6.5%、11%；截至2020年10月底，已有43家山东企业在重庆贫困区县投资兴业，实际投资额达5.3亿元，比2019年增长61%。

二是落实销售帮扶端。两地政府搭建鲁渝消费扶贫对接平台，协调动员山东各方定向采购14区县农产品。鲁渝开展"万吨渝货进山东"系列活动，共同举办"鲁渝扶贫协作百店联展"等展销活动；组织参加山东省各类农贸会、展销会，全年在山东销售贫困地区农业特色产品3.3亿元以上。如鲁渝加强烟叶产销对接，2020年内山东烟草加工企业向重庆贫困区县收购烟叶1.2万担以上。重庆积极推动奉节脐橙进山东，组织山东企业参加奉节县消费扶贫脐橙产销对接会，加入"民企帮村"精准扶贫行动，通过"村企结对"等方式，推行"以企带村、以村促企"模式，引导认购贫困户农产品，推送

石柱县中益乡　刘星摄

贫困户就业岗位，增强减贫带贫效应。

二、案例特写

打造康养生态产业体系
长效巩固提升脱贫成效

淄博市发挥农业科技优势，将山东本地优质良种引进到石柱县，着力打造康养生态产业体系，提升石柱康养产业经济发展，助力鲁渝两地决战决胜脱贫攻坚全面建成小康社会。

一是东果西种，打造特色果品康养生态观光田园综合体。依托东西部扶贫协作镇村结对平台，石柱县深度贫困村沙子镇青园村积极谋划产业发展，借助山东支农专家技术力量，围绕东果西种广泛调研，确立了引种山东黄桃项目，捐助山东黄桃、苹果等各类规格苗木2.6万株，打造以山东黄桃为特色的果品康养生态观光田园综合体；围绕山东黄桃基地规划建设，打造七曜山国家地质公园餐饮住宿配套服务村和以桃文化为特色的县城休闲旅游度假服务村，构筑文化振兴、农旅融合和一村多品的创业兴业态势。

二是建设山楂种植示范基地，探索建立农产品加工产业链。石柱县引入山东顺淏农业科技发展有限公司落地，因地制宜，大力建设山楂种植示范基地，带动农家乐和观光采摘等乡村旅游发展。此项目累计完成投资1071万元，按照统一采选优质种苗、统一教学栽植、统一科学管理、统一采摘销售的原则，通过"公司＋基地＋农户"模式经营，建设山楂种植基地1053亩，并套种金银花、地黄等中药材，年产值2000万元。实现土地规模效益最大化,带动周边400户群众积极参与。积极完善产业链条,通过建设加工厂和与当地企业合作等方式,积极促进农产品生产加工和销售有机连接,探索建立以山楂为主,融合当地翠红李等果品为一体的生产加工销售链条。

三是科技创新,"产学研"一条龙打造高山乌天麻产业基地。鲁渝整合科技、土地、人才等资源,积极协调与中国医学科学院药用植物研究所技术合作,助力重庆硒旺华宝生物科技有限公司成功掌握高海拔条件下天麻蜜环菌和萌发菌生产技术,大力开展高山天麻产业种植,先后获得实用新型专利7项,发明专利5项。同时,两地整合行业资源,成立中国林业产业联合会天麻产业分会,提高行业科技创新能力。此外,采取"公司+合作社+基地+农户"模式,石柱县形成了以洗新乡为核心基地,辐射县域多个高海拔乡镇的优势产业,2020年新增种植800亩,产出商品天麻500吨,实现产值1200万元。采取务工、分红、订单种植、原料供应等多种方式培育和带动180户贫困群众积极参与,带动48名贫困群众务工,用工劳务支出达到200万元,带动106名贫困户分红50万元,村集体增收15万元。

三、实践成效

十年来，山东省累计拨付重庆市财政援助资金近24亿元，实施援建项目1400余个，落实社会捐赠资金2.6亿元，直接惠及贫困群众50余万人。鲁渝两地积极推动成立山东·重庆扶贫协作产业合作联盟，引导107家山东企业赴重庆贫困区县投资兴业，完成投资12.7亿元，建设产业园区和现代农业、文旅产业示范基地69个；通过设立鲁渝协作企业合作投资基金，实施了芦花鸡生态养殖等一大批产业项目。在山东、重庆广大党政干部和贫困地区人民群众的不懈努力和艰苦奋斗下，重庆市脱

万州区龙驹镇　陈安全摄

贫攻坚工作取得了前所未有的巨大成效。

（一）产业赋能，为贫困人口创造增收空间

重庆 14 个国家扶贫开发工作重点区县农村常住居民人均可支配收入由 2014 年的 8044 元增加到 2019 年的 13832 元，年均增长 11.7%。90% 以上贫困人口得到产业和就业扶持，经营性收入明显增加，人均纯收入由 2014 年的 4468 元增加到 2019 年的 10938 元，年均增幅 23.7%。在山东·重庆东西部扶贫协作战略框架下，山东省烟台市强化责任担当，持续加大资金、产业、人才等支持力度，多措并举，对口帮扶重庆市巫山县。为确保巫山县果蔬产业有发展、集体有收益、农民有希望，烟台市派驻巫山挂职干部管理组积极协调烟台果品龙头企业来巫山考察，与基地建立产销关系，与果农签订保护价收购协议，打通市场销售渠道。在积极指导金坪乡创建有机果蔬品牌过程中，巫山县通过打造"献给最爱的人"等果蔬系列品牌，对产品进行统一包装设计，提升产品市场竞争力，提升产业效益，增加农民收入。

（二）利益联结，创造脱贫可持续性动力

产业扶贫作为激发贫困地区和贫困人口的一种内生发展机制，其目的在于促进贫困家庭与贫困区域协同发展，根植发展基因，激活发展动力，阻断贫困发生的动

因。如巫山探索农民土地入股方式，实施规模经营。在"村党支部领办合作社"基础上，由合作社负责所在产业园的土地经营和管理，由村支书任合作社理事长、村主任任监事长、村民代表任财务监督组组长，合作社与农户签订入股协议，农户、村集体和合作社按6∶3∶1的比例入股分红，形成土地规模效应。果树丰产后，村集体收益的50%再用于贫困户收益分红。农户通过土地入股发展产业，待产业丰收对农户进行利益分红，形成紧密合作的利益联结机制，真正实现产业发展的"造血"功能。

酉阳县车田乡　陆纲摄

（三）缩小差距，促进贫困地区发展

"十三五"时期，14个国家扶贫开发工作重点区县、4个市级扶贫开发工作重点区县GDP年均增速为8.2%。每个贫困区县培育1个以上扶贫主导产业，全市累计发展扶贫特色产业1300余万亩，创建市级以上特色农产品优势区21个、现代农业产业园11个、"一村一品"示范村242个，建立农业科技示范基地76个，创建全国休闲农业和乡村旅游示范县6个，培育乡村旅游示范乡镇55个、示范村（点）254个。在脱贫攻坚收官之年，鲁渝扶贫协作再冲锋再发力，全面超额完成扶贫协议任务。其中，产业合作逆势增长，在山东引荐支持下，全年共有42家东部企业在重庆市14个贫困区县投资兴业助贫，实际投资额6.4亿元。通过"云招商"等方式，招引26个项目落户重庆，新增投资4.5亿元。通过立足产业发展，促进重庆贫困区县发展取得实质性进步，进而缩小区域之间的发展差距。

扶志扶智，教育振奋脱贫新精神

扶贫先扶智，治贫先治愚，发展贫困地区的教育，是阻断贫困代际传递的治本之策。扶贫也要"志""智"双扶，不仅要发挥人民群众在脱贫中的作用，更要做好贫困地区干部的宣传、教育、培训组织工作，改变他们的精神面貌，让他们心热起来、行动起来。鲁渝教育扶贫协作任务要求是加强两地的教育互动，引导两地高校开展联合办学和师资联合培养，推动山东优质职业院校与重庆结对共建。发挥山东省高职、中职、技师学院等职业教育优势，推进山东省优质职业教育资源与重庆14个区县职教学校建立"一对一"帮扶机制。扩大省际同层次招生计划对等交流，争取山东高校在渝增设招生计划，增加重庆学生就读山东高校的入学机会。

一、教育扶贫协作，"志""智"双扶"脱穷根"

（一）聚焦乡镇教育脱贫，保障教育发展"动力"

一是加大贫困乡镇教育项目支持。山东省积极支持重庆市教育，共拨付重庆市省级教育援助资金1875万元。山东加大了对重庆教育的项目支持，改善了重庆贫困地区的教学基础设施建设。例如，城口县教委主动对接山东省教育系统，受援建教育扶贫项目10个，共计2564万元。针对部分教学条件落后、功能生活用房紧张的乡镇小学，启动实施了一批惠民助学项目，不断推动城乡教育一体化发展，让农村孩子也有机会享受公平而有质量的教育。

二是加大贫困乡镇教育物资捐赠。山东加大了对重庆贫困乡镇教育物资捐赠，全面补齐重庆深度贫困乡镇的幼儿园、中小学容量不足，食堂、宿舍、厕所条件差等基本办学条件短板。山东省倾斜支持重庆贫困乡镇的教师调配、培训，深入推进"专递课堂""名师课堂""名校网络课堂""城乡同步课堂"等资源的应用，通过信息技术把优质教育资源引入到贫困乡镇，切实提高重庆深度贫困乡镇教育教学质量。2020年，山东省临沂市为城口教育系统捐助资金103万元，办公电脑60台，学生学习生活用品物资折合现金25万余元。支教教师邢富华个人成立"邢富华捐资助学基金会"，定点用于高楠小学 5 名家庭困难儿童从小学到高中的学习费用。助推 10 余所学校在教育保障和办学条件上不断提升，让贫困家庭享受到东西扶贫协作带来的实际成果，提升城口县教育的保障能力，为教育发展增添了信心。

（二）拓宽院校结对范围，凝聚教育协作"合力"

校校结对由部分学段拓展到所有学段。山东作为教育大省，拥有一批国家"双一流"院校和国家"985""211"重点工程高等院校，除此以外，山东还有一批实力雄厚成熟的职业技术学校。山东还是科技强省，科技实力居全国第二，建立了一套成熟的科技培养体系，科技专业院校林立。自鲁渝协作扶贫实施以来，在巩固结对帮扶成果基础上，依托山东的教育和院校资源，重庆与山东的院校深入合作，形成校校结对、院校结对及教师结对的模式，不断拓宽教育合作领域。根据鲁渝教育扶贫协作框架协议，重庆市积极对接山东相关市、区（县）教育部门，协调更多学校结对帮扶重庆市贫困地区学校。山东省已有 202 所学校与重庆 182 所学校成功结对（其中职业教育学校 26 所、幼儿园 17 所、中小学校 133 所、普通高校 5 所，特殊教育 1 所），其中 2020 年新增结对学校 21 对，山东大学、济南大学等山东高校与重庆师范大学、三峡学院等 14 所高校，结对探索高等教育高质量发展，共同推动了高等教育质量的提升，实现了学前教育、义务教育、职业教育、高等教育、特殊教育结对帮扶学段全覆盖。此外，山东对重庆的职业教育资助持续倾斜，初步探索出职业教育联合培养模式。在鲁渝扶贫协作中，双方开展职业院校合作，形成共享式的职业教育模式。由两地教育局牵头，重庆与山东航海学院等多所职业教育学院合作办学，形成"2+1"的职业教育合作办学形式，贫困学生在重庆的职业教育学校读两年，最后一年到山东的合作学校接受职业教学，并且这些项目还给每个贫困学生相应的教育补贴、学费减免等优惠。

（三）扩展师资培训领域，增强教育质量"效力"

师资培训由点扩展到面。针对重庆师资力量薄弱、教学质量低的短板，重庆与山东加强教师交流合作，互派优秀教师。山东选派优秀教师到重庆进行经验交流分享，重庆派教师到山东学校进行培训学习，形成全覆盖、多方式和强引领的教师队伍协作特色。为全面提高重庆市14个国家级贫困区县教师教育教学水平，重庆一方面组织开展了14个区县管理干部、骨干教师赴鲁培训，干部、教师到山东挂职锻炼、跟岗交流，涵盖幼儿教育、小学语文、小学数学、小学英语、初中语文、初中数学、初中英语、初中道德与法治等多个学科和多个管理岗位；"鲁渝之光"访问学者赴山东优质高校学习进修、开展教科研协作培训等，累计培训重庆市干部教师 3681 人次。另一方面，双方注重榜样示范的引领，山东选派专家、骨干团队赴重庆组织专题培训，进一步提升了重庆管理干部、教师的理论水平和专业能力。最后，鲁渝双方借用网络的力量，打通鲁渝两地教师线上交流培训的通道。让广大教师从多途径、多维度、多方式进行学习提升，打破时间、空间、资源带来的局限性。2020 年市教委积极组织 14 个国家级贫困区县中小学、幼儿园教师约 9.3 万人参加山东"互联网 + 教师专业发展工程"网络培训，实现了教师培训全员覆盖。

（四）开展文化宣传活动，增强脱贫"凝聚力"

激发贫困人口的内生动力，需要把扶贫和扶志、扶智结合起来，把发展短平快项目和培养特色文化产业结合起来，变输血为造血，实现可持续稳固脱贫。重庆部分贫困人员思想观念保守，脱贫积极性和意愿不高，因此，两地政府加强了贫困地区移风易俗工作，促进重庆贫困地区人们形成文明健康的生活方式，增强他们的脱贫主动性和信心。同时，两地高度重视贫困人员和扶贫干部精神的培养，联合举办了多项文化活动。例如重庆和山东联合开展了"传统励志文化进乡村公益讲座"，举办了"文化扶志、国学立身"等系列文化活动，大力弘扬中华民族传统美德，宣扬勤

城口县沿河乡　王国庆摄

劳致富、勤俭持家的理念。新冠疫情防控期间，山东和重庆两省市各级宣传部门积极组织精干力量深入脱贫攻坚和抗击疫情第一线，深入挖掘和大力宣传抗击疫情、脱贫攻坚中涌现出的先进典型，以榜样的力量凝聚起众志成城抗击疫情和脱贫攻坚的强大力量，激励广大扶贫干部在打赢两场硬仗中务实担当、履职尽责、攻坚克难、创先争优。

二、案例特写

"智""志"双扶鲁渝情
五大行动出实招
——济南市历下区教育和体育局结对帮扶武隆区教委

2018年以来,济南市历下区教育和体育局切实落实东西部扶贫协作的国家战略,实施"五大行动"助力武隆教育发展。

一是薄弱学校提升行动。济南市历下区教体局捐赠50万元,支持武隆区黄莺乡中心校新建创客教室1间。从2018年冬开始筹建,于2019年4月建成并正式投入使用。为了切实利用好创客教室,学校从管理、师资、课程等方面着力,注重培养学生的动手能力、创新思维能力。邀请商家开展教师全员培训,上示范课,增加教师对这一新领域的了解;借助帮扶学校区实验二小在科技领域的资源优势,通过与科技骨干老师结对,提高管理能力,强化师资建设;到黔江实地交流学习机器人的训练技巧、组织模式、活动开展等。将创客教室的教学活动纳入常规教研,定期开展教学展示活动。2019年学校参加首届重庆市青少年"人工智能—机器人"创新挑战赛，获得1个二等奖、1个三等奖。资助武隆农村中小学15名校长到历下区中小学挂职1—3个月，近距离感受历下区教育的优质管理和高效教学，提升农村薄弱学校的办学水平。

二是名师名校结对行动。历下区甸柳一中、燕柳小学、百合幼儿园与武隆区江口中学、第二实验小学、凤溪幼儿园分别结为对口帮扶学校，帮扶学校间除按要求参加双方教育行政部门组织的帮扶活动外，还结合实际拟定帮扶协议，双方69人次交流互访，共享理念体系、制度文化、学科资源。建立名师骨干结对机制，历下区学校16名骨干教师与武隆区教学骨干结对；燕柳小学为实验二小提供50万元办学经费，组建民乐团，配备设施设备；甸柳一中资助10名江口中学教师与该校骨干老师一起参加北京师范大学和浙江大学承办的骨干教师专题培训班，还捐赠价值约13万元办公设备。

三是空中课堂深度教研行动。充分发挥信息化作用，特别是疫情发生以来，历下区骨干教师通过网络交流、资源共享、跟岗学习及到校指导等形式帮助武隆区老师提升专业水平。

39名历下骨干教师分批来武开展送教送培，涉及中小学语数外心理健康等多个学科，惠及武隆教师1700余人。3名历下优秀教师挂职8个月，24名骨干教师到武隆结对及到其他薄弱学校支教1—3个月，扎实开展教科研指导和青年教师帮扶。60名武隆骨干教师赴浙大和齐鲁师范学院参加历下区主办的两期重庆湖南骨干教师素能提升培训班，27名武隆校长教师受助参加鄂尔多斯名师工作室联盟会、西安交大党性提升研修班、苏州心理剧培训等，强化了对基础课程改革、教师心理健康、教育新理论的认识。

城口县沿河乡　陈国心摄

四是齐鲁文化研学行动。历下区教体局和历下区甸柳一中分别全程资助武隆区共66名师生参加齐鲁文化研学旅行活动，帮助师生进一步拓宽视野，改变只能通过电视看世界的局限性，让他们身临其境感受山东济南的泉水文化、礼仪之邦孔子圣地、魅力海滨五彩青岛等文化盛景和祖国大好山河，激发学生爱党爱国热情，增强勤学励志的思想意识，让学生在参观体验中树立学习目标，见习榜样精神，在心中种下梦想的种子。

五是"历下暖心助困"行动。历下区教体局每年出资10万元，资助武隆区因病因灾造成家庭生活困难的教师20名，每人5000元。武隆区教委广泛宣传，积极动员，让全体教师感受到历下区教体局对武隆教师的关心帮助。经严格审核资助对象范围、条件和贫困状况，已有60名家庭经济困难的教师感受到历下区教体局雪中送炭般的关爱。

三、实践成效

（一）完善教学硬件设施，提高教学质量

一是结对市（区）县加大资金帮扶力度，投入帮扶

资金近1亿元，进一步弥补受援学校教育发展短板，支持受援学校基础设施建设，学校教学设施得到了改善；帮助了重庆市14个国家级贫困地区的每一个学生，实现了乡村贫困地区学生对"能上学""上好学"的期待。二是加强教师培训，提高教学质量。重庆市教委积极统筹，将帮扶资金聚焦14个深度贫困乡镇，用于重庆市贫困乡镇教师培训、教科研发展，援建重庆市贫困地区幼儿园、小学，精准解决了贫困地区学校、教师发展短板。三是山东省先进教育资源地流入，为重庆市贫困地区教师队伍建设及教学水平的提升注入了新鲜血液，为重庆培养了一大批优秀的专业人才，进而全面提高教学质量。

（二）培养优秀专业人才，增加致富力量

山东与重庆在贫困地区合作创办了一批职业技术学校，两地实现了优化资源配置。在贫困地区统筹立项建设了一批职业技能实习实训基地，发展服务当地特色优势产业和基本公共服务的现代职业教育。首先，山东省重点支持重庆贫困地区中职学校设置社会有需求、办学有质量、就业有保障的特色优势专业，更好满足产业发展对技术技能人才的需求；其次，重庆市国家级贫困地区中职学校和山东省相关区县优质中职学校结对，支持重庆建档立卡贫困家庭初中毕业生到山东省结对市县优

城口县沿河乡　刘星摄

质中职学校接受职业教育；最后，广泛开展职业技能培训，推动职业教育到村到人，实施雨露技工计划脱贫专项行动，安排有意愿、有条件的农村贫困家庭劳动力进入山东的职业院校等培训机构学习，帮助他们至少掌握一门脱贫技能。培养了一批优秀的专业技术人才，促进了重庆贫困人员就业，提升了贫困家庭自我发展的"造血"能力。

（三）改变干部群众精神面貌，提高脱贫积极性

经过脱贫攻坚的洗礼，各级干部锤炼了作风，提升了能力，干部创业精气神积极向上，在实践的锻炼中不断成长。在鲁渝两地协作举办系列文化交流和先进示范宣传活动后，贫困群众的脱贫热情和干劲得到激发。他们的满足感、幸福感大大增强。"既然党的政策好，就要努力向前跑"在贫困群众中口口相传，大家由衷地感恩共产党，感谢党的好政策。石柱县中益乡华溪村老党员马培清发自内心地说："翻身不忘毛主席，脱贫不忘习主席。"通过鲁渝扶贫协作，山东省对重庆市14个深度贫困区县在教育发展、文化科技建设等方面实施广泛援助，减贫效果显著，重庆地区人民群众切实感受到了援助的良好效果，提振了脱贫攻坚的信心，也进一步巩固了双方之间结下的深厚情谊，为今后长期的交流合作奠定了基础。通过携手举办文化交流宣传活动，进一步弘扬了社会主义核心价值观和道德正气，营造了良好的脱贫致富的社会氛围，对形成社会治理人人参与良好局面、打造"共建、共治、共享"的社会治理格局具有重要意义。

第三章·鲁渝扶贫协作的发展经验

鲁渝扶贫协作是东西部扶贫协作的重要组成部分。鲁渝扶贫协作在党委引领、政府积极推动下，各协作单位给予大量的人力、物力、财力及政策支持，同时积极营造全社会共同参与的扶贫氛围，引导和鼓励企业、行业协会、基金会、志愿团体、高校等不同类型的社会力量参与其中。鲁渝扶贫协作不断探索和创新贫困治理的新理念、新模式、新方法，提升协作治理的水平与能力，共同构建出"全方位、多层次、多主体参与"的鲁渝扶贫协作框架。

党委引领扶贫协作主体

"党政军民学、东西南北中,党是领导一切的。"在鲁渝扶贫协作过程中,党领导全局,各协同单位不断创新扶贫协作党建做法,进一步强化了党委在扶贫协作中的引领作用。

一、党员干部组团交流互动,扎根贫困一线

在鲁渝扶贫协作过程中,各级党组织鼓励党员干部组团互动,创新发展出"高层联席会议+主要领导互访+部门负责人(专业人员)对接+基层党政干部交流"的做法。一是通过高层会议和主要领导互访,按照中央政策的既定部署,谋划方案,深化合作。二是通过部门负责人、专业人士工作对接,及时了解、跟进协作过程;通过基层党政干部相互交流,互相借鉴经验做法,取长补短,开阔视

野。三是通过双方党员干部扎根基层贫困一线,转变干部作风,锻炼干部意志和能力,密切干群、党群关系。

二、成立联合党支部,优化基层党组织

针对鲁渝协作扶贫地区普遍存在交通不便、信息沟通不顺畅、党组织活动较少的问题,扶贫协作各单位通过创新党组织组合方式优化基层党组织建设。一是成立联合党支部,党员结对帮扶困难群众。通过联合党支部,有计划、有组织、有纪律地发挥支部成员专业技术和经验优势,开展结对帮扶,服务基层百姓。二是优化基层党组织的力量,吸纳服务于扶贫事业的优秀人才。积极选拔参与鲁渝协作企业中的优秀人才、地方致富带头人、地方乡贤和外出上学、务工返乡的优秀青年等,加入党的各级组织。三是建设学习型党组织,坚持全面从严治党,充分发挥党组织政治核心作用,不断强化支部成员的政治担当,对标对表、不折不扣落实上级关于扶贫工作的指示精神,为鲁渝扶贫协作相关领域建设建言献策。

三、以人民需求为导向,党组织听取反馈群众声音

两地党委政府坚持"以人民为中心"的发展思想,

丰都县三建乡　陈云元摄

积极落实党中央和国务院要求，以人民需求为导向，各级党组织充当贫困群众利益的"扩音器""大喇叭"，多渠道听取群众声音，及时反馈贫困群众需求，政府及时获取各级党组织的信息，根据扶贫协作不同时间节点的特点与要求，准确出台文件优化调整财政援助资金使用方向，推动劳务协作、消费扶贫等政策落地，促进了两地的劳务、产品流动，从商贸流通、人员流动等层面惠及两地人民，生动呈现了党全心全意为人民服务的基本宗旨，进一步稳定了脱贫效果。

精准设计协作治理结构

鲁渝扶贫协作是个巨大的系统工程。鲁渝扶贫协作以脱贫攻坚为主线，治理层面涉及经济发展、科学教育、文化旅游、社会治理等多个领域，兼且脱贫攻坚在不同领域之间存在交叠、复合现象，因此，需要从制度、主体等方面精准设计治理结构，以更好地适应扶贫协作治理的需要。

一、科学规划发展，优化配套制度

一是规划全方位的帮扶体系。山东动员各方力量，形成市对区、区对区、市对县、区对县、县对县的各级帮扶体系。鲁渝还在企业帮扶、社会组织帮扶等方面开展了一系列帮扶行动，形成了多层次、广渠道、大范围的全方位帮扶体系。

二是严格监督管理扶贫协作项目进程。鲁渝扶贫协作主要以项目的形式进行，为了强化对项目实施的监督管理，重庆市建立了山东省援建项目情况实时调度和定期通报制度，相关信息以适当形式及时公开，接受社会监督。

三是明确帮扶队伍激励责任机制。根据干部队伍发展状况，山东省、重庆市建立了社会帮扶表彰、反馈和激励机制。两地协作单位每年召开专题会议，对参与和支持鲁渝扶贫协作项目建设的企业等社会组织的帮扶情况进行通报，给予相应物质、精神、政策上的奖励。在晋升提拔中优先考虑挂职干部与专业人才。

二、制定帮扶计划，搭建政策平台

一是制定帮扶计划。重庆市发展和改革委员会、重庆市财政局、山东省发展和改革委员会、山东省财政厅联合出台《关于印发鲁渝扶贫协作山东省财政援助资金及援建项目管理暂行办法的通知》，详细部署了鲁渝扶贫协作项目规划和工作计划。山东省发展改革委统筹确定了山东省财政援助资金和援建项目，项目类型主要包含固定资产投资类援建项目和非固定资产投资类援建项目两大类，每一类型下包含多项具体条目。相应地，重庆市发展改革委会同市扶贫办等市级有关部门建立了山东省援建项目库；重庆市14区县发展改革委和市级相关部门，也因地制宜编制了本区县和本部门鲁渝扶贫协作三年援建项目规划，确保实现对全部援建项目的滚动实施、动态管理。

二是广泛宣传发动，响应扶持政策。利用各界媒体，对鲁渝扶贫协作工作进行宣传报道，着重宣传鲁渝双方在东西部扶贫协作中的主要成绩、重要经验和典型事迹，不断提升社会各界对东西部扶贫协作的关注力度。同时，山东、重庆都出台相关优惠政策，对参与协作扶贫的民营企业、社会团体及个人，给予奖励补贴、信贷支持和贷款贴息。

三是发动成立产业发展联盟，提供共享平台。为了调动整合市场资源，激发企业参与扶贫协作的活力，山东省发改委、山东省扶贫协作重庆干部管理组、山东省商业集团有限公司共同发起成立了鲁渝扶贫产业联盟，为鲁企赴渝投资提供了一个资源共享、信息共享的平台，也为各类惠农、助农产品的流通提供了重要展示窗口。

三、多方参与，发挥集聚效应

一是党委引领有力。鲁渝两地党委按照中央关于东西部扶贫协作相关精神，充分协调、调动各方力量，主动加强双方联系，巩固创新协作机制、提升协作层次、

武隆区后坪乡　郑彬摄

拓展协作领域。

二是政府搭台有心。两地政府积极宣传，提升各界对东西部扶贫协作的关注度，为参与鲁渝协作的企业和社会组织提供各种政策扶持，吸引各界加入鲁渝扶贫协作大格局。

三是企业主演有戏。企业在党委和政府政策支持下，发挥资源、项目、技术、经验优势，降低成本，增加贫困人口就业，提升贫困人口的技能，树立良好的企业品牌形象，彰显社会责任。

四是社会组织帮扶有度。社会组织扶贫作为我国社会力量参与脱贫攻坚的重要内容，具备政府、企业等贫困干预主体之外的独特优势。山东省管社会组织参与鲁渝扶贫协作的数量已经超过20家，这些社会组织采取物资捐助、慈善捐赠、资金援助、教育帮扶、技术援助等不同形式，成为重要的扶贫协作主体。

丰都县三建乡　余川摄

因地制宜架构协作机制

鲁渝两地发展各具优势，兼之自然环境、社会风俗、人文环境等具有一定的差异性，需要结合两地实际情况，因地制宜确立协作机制，将两地优势整合起来，发挥聚合作用与整体优势。

一、立足两地实际，搭建合作平台

一是搭建制度化扶贫协作交流平台。鲁渝两省市每年召开高层联席会议，开启党政领导定期互访机制，一方面保障了各参与者之间协作渠道的畅通，另一方面及时为扶贫协作的深入开展明确了目标和方向。

二是搭建多层次协作服务平台。搭建产业协作服务平台，举办企业投资助力脱贫推介洽谈会，引导山东企业来渝对接洽谈。建设人才服务平台，开展"组团式"帮扶，有针对性开展人才交流、培训等服务内容。创建劳务协作服务平台，突出组织化劳务协作。探索"行政＋市场"的工作机制，建设两省市自贸试验区创新发展合作平台，促进两省市要素有序流动、资源高效配置、市场深度融合。

三是搭建"互联网＋扶贫协作"信息平台。鲁渝两地利用"互联网＋"信息平台，实现扶贫协作资源、信息的实时共享。建立社会帮扶"扶贫超市"，把贫困村、贫困户需要解决的问题包装成扶贫项目，通过将"项目上架"的方式，再利用信息平台，实现社会帮扶力量与帮扶需求之间的无缝对接，引导企业、爱心人士及社会组织等根据自身实力和需求，自主选择扶贫援助项目。

二、明确帮扶需求，按需精准供给

一是明确帮扶需求。扶贫协作单位梳理帮扶需求的方式包括实地考察、开座谈会等方式。首先，鲁渝两地干部通过深入贫困一线、进行调查走访的形式，发掘当地的贫困顽疾，真实了解脱贫需求。其次，通过组织召开座谈会的形式，听取政府分管部门有关领导、驻村第一书记、村干部等对于当前贫困地区脱贫现状的想法、帮扶需求的表达以及未来开展工作意见建议等内容的汇报。

二是按需精准供给。两地党委和政府根据年度任务要求与帮扶地区具体情况，按需精准供给。如结合武隆的乡情地貌，提出了"旅游扶贫、文旅融合、全域旅游、产业赋值"的协作供给方式；根据奉节的农业生产特点，以特色农产品为抓手，建立对鲁招商工作机制，以县投资促进中心为主体，组建项目落地专班，主动对接山东有意向投资企业，发挥原有落地企业的桥梁作用，实施"以商招商"的扶贫模式。

三是有效整合扶贫协作资源。有效整合扶贫资源、精准供给帮扶对象是提升东西部扶贫协作治理效能的关

武隆区后坪乡　陆纲摄

键环节。根据参与鲁渝扶贫协作主体构成的不同,可以把资源整合分为政府行政资源的整合、市场资源的整合以及社会资源的整合三种类型,鲁渝扶贫协作通过不断发挥政府的主导作用,实现市场和社会资源的跨区域整合和分配,最大限度地吸纳来自市场和社会的扶贫资源,达到有效整合扶贫协作资源的目标。

三、供需双向转化,弥合区域差距

一是供需双向转化,互惠互利。鲁渝扶贫协作在一定程度上实现了供需双方身份转化,即双方在协作过程中,既是供给方,也是需求方。基于两地市场的需求状况,进行优势互补,通过知识、劳动力、产品等的转移流动,推动鲁渝两地的供给侧结构性改革,实现资源的优化配置。同时,在人才互通和文化交流上,提升了合作层次和质量,促进生产力布局优化,推动鲁渝交流合作向纵深发展。

二是深化优势战略产业合作。鲁渝两地发挥双方比较优势,围绕山东"十强"现代优势产业集群和重庆先进制造业中心、数字经济创新发展试验区建设,共建了一批特色产业基地和示范园区,深化新一代信息技术、人工智能、大健康、文化旅游等领域合作。

三是优化区县对口帮扶机制。依循"政府推动、市

黔江区金溪镇　詹江摄

场运作，尽力而为、量力而行，真情帮扶、精准帮扶，互惠互利、共同发展"原则，增强两地协作意识，健全帮扶机制，整合资源要素，协同发挥市场机制和政府作用，以产业合作、劳务协作、人才支援、资金支持等为重点，推进对口帮扶协作，助推贫困区县打赢脱贫攻坚战。

第四章·鲁渝扶贫协作的拓展与优化

鲁渝扶贫协作的拓展空间

打赢脱贫攻坚战的冲锋号吹响以来,重庆市深入学习贯彻习近平总书记关于扶贫工作重要论述和视察重庆重要讲话精神,按照党中央、国务院关于东西部扶贫协作战略部署,加强组织领导,聚焦目标任务,狠抓协议落实,不断开拓创新,鲁渝扶贫协作各项工作取得显著成效。回顾总结实践中的做法经验,鲁渝扶贫协作在取得巨大成效的同时也面临一些工作上的短板,主要表现在三方面:一是扶贫协作引人才、聚人才、留人才机制不健全;二是产业扶贫协作机制动力不充分;三是扶贫协作考评不够灵活化。人才交流、产业协作扶贫、扶贫协作绩效考评三个方面的内容对鲁渝扶贫协作有着重要的意义,且三者之间有着密不可分的关系,只有考评准才能使人才聚,只有人才聚才能使产业兴。

一、扶贫协作引人才、聚人才、留人才机制尚需完善

鲁渝扶贫协作中外地人才引不进，本地人才流失快、留不住的现象，是持续推进扶贫工作的难题所在。从目前鲁渝两地扶贫协作的人才交流来看，人才流动性较高，一般交流期限为三个月到一年，挂职或交流期限一到，又换一批新人，只有极少数人才选择留在重庆发展，这种人才的高流动性反映出人才激励机制的欠缺、绩效考核制度科学化程度不够高等问题。"火车跑得快全靠车头带"，领导干部以及各种人才在鲁渝扶贫协作中的带头作用就好比"火车头"，带动整个鲁渝扶贫协作走向一个新的发展阶段，人才留不住的问题应该受到足够的重视。

影响党政干部与专业技术人才流动性大的因素很多，主要包括以下几个方面：一是基础条件较差。重庆贫困地区经济发展滞后，基础设施薄弱，工作生活条件远不能与发达地区相比，吸引、集聚扶贫协作人才的能力弱小，很大程度上成为外地扶贫协作人才引不进、本地扶贫协作人才留不住的主要原因。二是人才投入不足。受经济条件和财政支撑能力的限制，扶贫协作人才工资、医疗、住房等基础待遇跟不上，导致重庆贫困地区的人才逆向流动现象突出。三是配套政策不够。扶贫协作人才在教育培养、流动引进、使用管理、激励保障等

方面缺乏成熟的政策体系，特别是在引进人才的住房保障、配偶就业、子女入学、投资兴业等方面配套政策不完善，不能给引进的扶贫协作人才提供便捷、充分、高效的服务。四是扶贫协作人才自身制约因素。由于外地干部受婚姻问题、回家探亲、本地条件等因素的影响，再加上个人发展空间以及子女成长的考虑，导致客观上存在留人难的问题。

二、产业扶贫协作机制动力尚待助推

一是部分贫困户参与度不高致使脱贫内生动力不足。习近平总书记强调："弱鸟可望先飞，至贫可能先富，但能否实现'先飞''先富'，首先要看我们头脑里有无这种意识。"[1]贫困群众是脱贫工作中的关键一环，贫困群众头脑里有无脱贫意识对扶贫工作的顺利开展至关重要。在鲁渝扶贫协作实践中，深度贫困地区的部分贫困群众不愿脱贫、不想脱贫的现象仍旧存在。虽然鲁渝两地在产业合作方面不断加深，政策帮扶、资金投入力度不断加大，然而部分贫困户头脑之中仍旧盘踞着"等、靠、要"等思想，这些贫困户对脱贫工作的积极性和参与度仍旧不高。从长期看，一方面，一味"输血"会导

---

1. 习近平.摆脱贫困.福建：福建人民出版社，2018:2.

致贫困地区"造血"功能降低，致使脱贫内生性动力不足，返贫风险增高；另一方面，也会打击基层扶贫干部的工作积极性，致使脱贫工作进一步受阻。总之，贫困意识的长期存在已经成为扶贫工作一大障碍，摆脱贫困的第一步应该是摆脱贫困意识。

二是部分产业项目"水土不服"导致项目落地受阻。鲁渝扶贫协作中，两省市坚持聚焦山东优势产业，引导山东企业在重庆贫困区县实施了一大批产业项目，取得了优秀的扶贫成绩。然而，由于鲁渝两地的气候、地理环境等自然因素存在较大差别，部分山东农业项目在重庆实施时遭遇了"水土不服"的问题，致使部分项目无法有效落地，其带贫效果较差。一方面，对重庆而言，重庆属亚热带季风性湿润气候，其特点是日照不足，而水资源较为丰富，一些在山东发展优势较大的水果和蔬菜品种，移植到重庆之后，由于海拔、土壤、水热等条件的差异，实施起来并未达到预期的收益，这既造成了扶贫资源的浪费，其扶贫成效也较差。另一方面，重庆地区地形以山地居多，不适合大型工业项目的实施落地，因此，对山东地区的优势工业产业的引入存在障碍。

三是产业可持续力量较弱影响已有扶贫成果。在鲁渝协作扶贫的背景下，重庆各个贫困地区都已经根据自身条件探索出相对适合自己发展的路子，并取得了较大的扶贫成效。例如山地特色高效农业、采摘型旅游业、文化旅游业等，为贫困地区消除绝对贫困提供了巨大的力量支撑。但是，当前鲁渝扶贫协作的部分产业可持续力量较弱，进而动摇扶贫成果。鲁渝扶贫协作的部分产业可持续力量较弱主要体现在以下三个方面：第一是贫困地区扶贫产业发展结构不够合理。近年来，虽然到渝投资建厂的山东企业数量逐年呈上升趋势，但是这些企业性质更多为劳动密集型和高能耗型，以发展现代农业、特色种植养殖等第一产业为主，技术含量低，示范带动效应较弱，反之，商贸物流、电子商务、乡村旅游等第三产业，以及资源禀赋好、市场潜力大的农副产品深加工和机械制造等第二产业数量较少，且发展缓慢。第二是企业主动参与东西部扶贫协作的积极性还不够强，产业协作缺少内在动力，部分企业迫于政府压力而参与扶贫开发，而非"我要做"和"我想做"，导致在初期陷入难以找到准确定位、采取有效帮扶措施的困境，既对扶贫资源的有效利用不足，又没有取得实际成效。第三是贫困地区的产业很大程度上依靠持续的政策输入和资金支持，一旦失去政策支撑和资金来源，产业发展有可能无法自力更生。

三、扶贫协作考评指标尚待细化

为确保东西部扶贫协作的顺利推进，实现对扶贫协作过程的激励和约束，中央政府出台了《东西部扶贫协作考核办法（试行）》，重庆市在中央政策精神的指导下，依据地方实际，制定了《重庆市东西部扶贫协作成效评价实施办法》，有效提升了鲁渝东西部扶贫协作的治理和成效。鲁渝扶贫协作经历了十多年的发展，扶贫协作考评机制已经非常完善，但由于考核涉及的内容多、范围广，绩效考核在一些细微之处还不合理，具体表现为考核的指标不够灵活。

在《重庆市东西部扶贫协作成效评价实施办法》中，其评价对象为承担东西部扶贫协作任务的有关区县和市

武隆区后坪乡　钟志兵摄

级有关部门、单位。其中对承担东西部扶贫任务的区县考核评价指标划分为七个方面，包括组织领导、人才交流、资金使用、产业合作、劳务协作、携手奔小康行动以及工作创新状况。从指标划分上来看，考评内容已经相对完善，但是在每个考核内容下细节性的指标考量上尚不够灵活。例如，在劳务协作绩效考核中，将就业范围限定在山东，在其他地区的山东企业就业的人数没有算进绩效考核指标中；消费扶贫方面，并不是通过扶贫协作相关渠道销售出去贫困地区的商品，就可以算在销售额绩效里面，而是只有在贫困地区当地售出产品才能计算在绩效指标当中。灵活度不高的考核指标设置，既不利于调动鲁渝扶贫协作工作者的积极性，也不利于扶贫工作成效目标导向的实现。

鲁渝扶贫协作的优化路径

考评是否精准、科学、公平、灵活,直接影响扶贫人才的工作积极性和主动性。因此,做好扶贫协作成效考核以及干部考核工作,才能为鲁渝扶贫协作从"脱贫攻坚"走向"乡村振兴"提供更充足的动力。2020年扶贫协作考核工作,是一次承上启下的考核。由于处在脱贫攻坚即将决胜收官的关键节点,同时又要开启巩固拓展扶贫协作脱贫成果,实现与乡村振兴战略有效衔接的新征程,只有扎实推进考核工作,将考核指标不断科学化,发挥好其"指挥棒"作用,以考促改提升工作水平,才能确保如期高标准高质量完成鲁渝扶贫协作,为鲁渝两地全面建成小康社会奠定坚实基础,为全面建设社会主义现代化国家开好局、起好步做出积极贡献。

人才的交流、培养和更新,是关系产业扶贫协作能否持久化的关键。人才作为人力资源中的关键少数,是鲁渝扶贫协作的关键。完善鲁渝协作扶贫引人才、聚人才、留人才机制是提高脱贫质量、巩固脱贫成果的重要内容。由于人才是产业扶贫协作的支撑,因此,切实把好人才关,产业扶贫才能是有源之水、有本之木。在产业扶贫协作上,如果没有相应的人才交流作支撑,产业将难以为继。人才交流对扶贫产业的发展起着决定性作用,而产业扶贫的发展是否具有可持续性,又关系到鲁渝两地目前取得的扶贫协作成效能否得到巩固,以及未来两地能否从脱贫攻坚走向乡村振兴。2016年4月,习近平总书记在安徽金寨考察时表示,要脱贫也要致富,产业扶贫至关重要,产业要适应发展需要,因地制宜、创新完善。产业扶贫是脱贫之基、致富之源,没有产业支持的脱贫,是很难让贫困者实现脱贫和持续发展的,对于鲁渝扶贫协作来说也是如此,产业扶贫在整个鲁渝扶贫协作事业中占据重要地位。

针对目前鲁渝协作扶贫中存在的短板,未来要做好鲁渝扶贫协作工作,实现鲁渝扶贫协作可持续发展,需要从以下几个方面着手:一是进一步增强人才聚合力;二是进一步激活产业扶贫协作机制动力;三是进一步推动考核指标体系科学化、灵活化。

一、进一步增强人才聚合力

一是引进扶贫协作人才。首先,鲁渝两地政府可出台一些鼓励政策，同时在干部招录环节向重庆贫困地区基层倾斜，开展人才的引进，鼓励人才深入重庆贫困地区基层；其次，加大人才工作考核力度，强化党管扶贫协作人才，把扶贫协作人才工作作为约束性指标，纳入年度考核指标，逐步提高扶贫协作人才工作在领导班子和领导干部政绩考核中的分值权重，形成全社会尊重扶贫协作人才、爱惜扶贫协作人才、用好扶贫协作人才的良好工作导向；最后，要大力扶持鲁渝扶贫协作人才发展，进一步完善人才引进政策，加大对鲁渝扶贫协作人才工作的政策、资金、项目等方面的倾斜支持力度，开辟引才留才"绿色通道"，打破常规程序，简化工作手续，实现高层次紧缺急需扶贫协作人才引进常态化。

二是聚合扶贫协作人才。一方面，创优扶贫协作人才服务环境。组建人才服务专门机构，负责扶贫协作人才服务工作的推进落实，开展高层人才"一对一"服务。建立科技、教育、卫生、房产、行政审批等职能部门对口服务制度，在创新创业项目审批、工作软硬件设施、配套工作人员、生活交通出行等方面给予跟踪服务。另一方面，关怀激励拴心留人。对有扶贫工作经历的优秀扶贫协作人才，根据不同行业、不同类别制定落实特殊的激励办法，党政扶贫协作人才同等条件下优先提拔使用，专业技术扶贫协作人才在晋升职称评定上单列指标给予倾斜，扶贫协作项目经营管理人才在资金上给予支持，做出特殊贡献的实行嘉奖，不断激励各类人才发展扶贫协作事业。

三是留住扶贫协作人才。要解决扶贫协作人才留不住的问题，首先要提高对扶贫协作人才的重视程度，加强对扶贫协作人力资本的投入和开发，提升扶贫协作人才工资、医疗、住房等基础待遇。其次要完善激励机制，实行差别激励的原则。工作性质、领导行为、个人发展、人际关系、薪酬福利和工作环境等都是影响扶贫协作人才去留的主要因素，而且这些因素对于不同的扶贫协作人才所产生影响的排序也不同，组织要根据不同的类型和特点制定激励制度，而且一定要考虑到个体差异，选择物质、精神或晋升激励等不同的激励手段，提升激励效果。再次要完善扶贫协作人才发展配套政策。除了完善扶贫协作人才发展在教育培养、流动引进、使用管理、激励保障等方面的政策体系，还要不断完善引进扶贫协作人才的住房保障、配偶就业、子女入学、投资兴业等方面的配套政策，给引进的人才提供便捷、充分、高效的服务。最后要加大对鲁渝扶贫协作干部特别是基层干部、贫困村致富带头人的培训力度，打造一支留得住、能战斗、带不走的人才队伍。

二、进一步激活产业扶贫协作机制动力

一是进一步深化"志智双扶"活动。习近平总书记强调,扶贫先扶志,扶贫必扶智。如果不能从思想上改变贫困户"等靠要"的心态,从技能上提高其脱贫致富的本领,简单地靠外力的帮扶,就很难拔出"穷根",最后可能出现"扶贫—脱贫—返贫—再扶贫"的怪圈。在鲁渝协作扶贫实践中,要进一步实施鲁渝协作"志智双扶"活动,变"等靠要"为"能自强"。其一要着力激发贫困群众内生动力,通过建立脱贫光荣荣誉制度,加强宣传教育、政策引导、典型示范,发挥村规民约作用,改进扶贫政策兑现方式,增强贫困群众自力更生、脱贫致富的积极性主动性;其二是开展农村实用技术和精气神提振培训,针对市场行情好的农业产业,聘请专业技术人员对贫困户进行培训,同时,通过脱贫攻坚讲习所、脱贫夜话等平台,用贫困群众身边的典型事例教育人、说服人、引导人,激发贫困群众脱贫致富的内心愿望。

二是"量体裁衣"适配产业扶贫协作项目。针对部分产业项目"水土不服"导致项目落地受阻的问题,鲁渝两地在进行产业项目合作时,应重点关注产业落地是否有足够的适配性,以因地制宜为原则,立足两地资源优势、产业基础和现实条件,大力开展产业合作。在农业方面,因地制宜的原则可以进一步加强鲁渝双方在特

色高效农业产业、农业品种品质品牌等方面合作,共建一批优质特色产品出口基地及绿色农畜产品直供基地;加强双方在农业科研科技方面的合作,支持山东农业科研机构在重庆建立科研基地,开展农业科技成果转化;加强双方农副产品生产流通领域合作,积极开展消费扶贫行动,多渠道宽领域购销重庆特色农副产品。在工业方面,两地应依托"鲁渝扶贫协作·工业互联网矩阵"平台,发挥工业互联网要素配置能力,放大平台产业带动效应,实现鲁渝产业合作提档升级。第一,发挥工业互联网矩阵产业结构优化能力,通过开展"线上+线下"系列专项帮扶活动,定向帮扶重庆贫困区县导入优势工业资源。第二,发挥工业互联网矩阵提效降本增能能力,通过设立品牌扶贫专区、免费或低价提供解决方案等,推动贫困区县相关企业快速实现转型升级。第三,发挥"工业互联网+脱贫攻坚"创新融合效应,将工业互联网产业赋能能力充分运用到脱贫攻坚工作中,实现"小切口、大效应"的区域创新协作,为脱贫攻坚和鲁渝扶贫产业协作战略无缝衔接提供实践案例。

三是完善扶贫协作产业体系。第一,提高扶贫协作开放合作水平。鲁渝两地应充分发挥两地保税区、自贸试验区口岸作用,依托水铁空开放口岸,推进市场一体化、信息一体化建设。一方面,可以加大支持山东各机场增开至重庆航线,促进两地商贸旅游共同发展;通过旅游包机、专列等形式，引导山东游客赴重庆旅游，加强景区产品宣传，促进旅游消费。另一方面，加大国际经贸合作力度，充分利用"智博会""西洽会""山东文博会"等平台，促进两省市举办国际大型会展有机互动、互促互进。同时，要大力鼓励科技成果转化对接合作，引导两地企业、高校、科研院所开展产学研用合作，在农业、生态环境保护、大数据智能化等领域开展联合研究和技术转移。第二，加强扶贫协作新兴产业合作。新兴产业是产业扶贫协作的一大推动力，具有可持续力量强的优势，在产业协作扶贫方面前景广阔。应进一步推动鲁渝两地在汽车制造、轨道交通、智能制造、节能环保等高端装备领域协同合作，打造鲁渝高端装备制造业集群。如加强大数据生产、应用及高端产品制造等领域合作，共同开发芯片、先进传感器、云计算等关键技术和具有国际影响力的大数据分析软件产品，共同建设一批国家大数据工程实验室。第三，优化扶贫协作整体产业结构。一方面，做好鲁渝扶贫协作产业总体规划，努力让产业更具特色化、优质化、精细化。认真搞好产业与市场论证，选择最适宜在重庆发展的产业，保障产业符合重庆贫困地区资源禀赋、市场需求，能可持续发展。另一方面，创新扶贫协作产业发展模式，强化示范引导。优先支持覆盖面广、产业链比较完整、风险相对较小的扶贫协作产业。对有产业发展愿望和产业发展能力的扶贫对象,通过扶贫协作帮助其直接参与特色产业开发,由企业或合作社与贫困户签订扶贫协作产业发展协议,通过直补、以奖代补、贴息等方式进行直接帮扶。

三、进一步强化和落实考核监督

考核监督的目的不仅是为了检验扶贫成效,更是为了发现协作扶贫工作中的成功经验和不足之处,保障协作扶贫工作继续推进的同时进一步巩固已有扶贫成果。为了杜绝"面子工程""形象工程"等搞数字脱贫、虚假脱贫的形式主义,要坚决通过合理设置考核指标,使扶贫协作考核指标进一步科学化,强化考核监督,将考核工作落实到位。

科学化的考核评估指标体系,不仅能更好地指导和促进扶贫工作,而且还能引导领导干部树立正确的政绩观。更好地落实考核工作,可以在现有考核指标体系的基础之上,进一步调整和完善并且制定考核指标分解及细则规定,建立一套更加科学、灵活的鲁渝扶贫协作绩效考核指标。首先,明确扶贫协作考核指标设置的科学化原则,绩效考核评估指标做到"粗中有细",原则性与灵活性相结合。其次,扶贫协作考核指标设置过程应该依据绩效考核的基本原理和原则,对所设定的扶贫协作考核指标进行验证,使其具有科

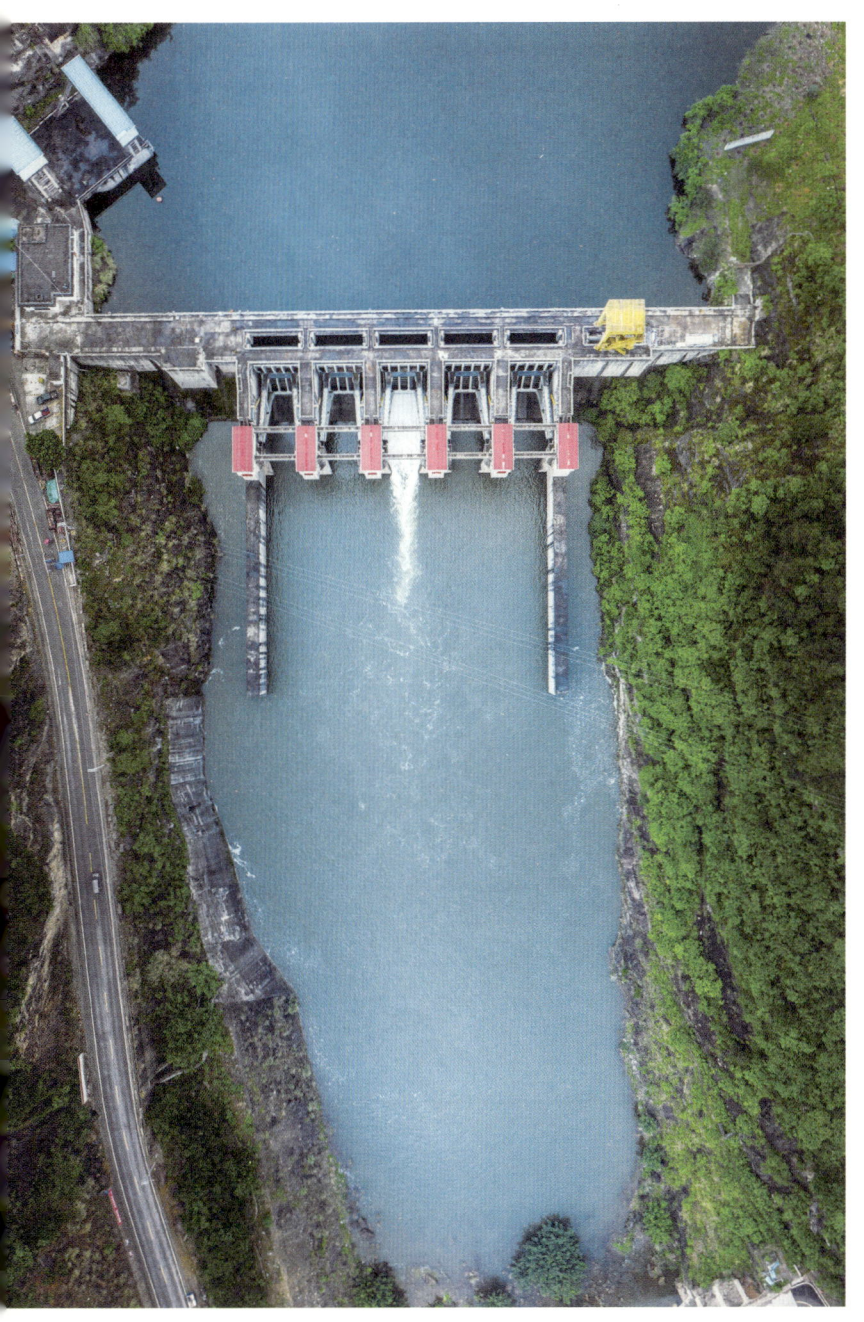

第四章·鲁渝扶贫协作的拓展与优化

丰都县三建乡　陈云元摄

学依据，保证其有效地反映扶贫成效。再次，初步确定扶贫协作考核指标后，可以运用绩效考核指标体系设计方法进行指标调查，将几种方法结合起来用，扶贫协作考核指标设计可更准确、完善。最后，建立考核指标科学性测评，可通过听取领导干部、智库等的反馈意见，不断完善扶贫协作考核指标，对不够灵活的绩效考核指标进行调整，用更加灵活、科学的指标更好地引导扶贫协作人员践行扶贫工作。

第五章·从东西部扶贫协作到东西部协作

东西部协作是具有中国特色的贫困治理架构的重要组成部分，是具有中国特色的贫困治理体系的制度创新。新中国成立70多年以来，在党和政府的统筹协调大力推动下，东西部协作这一伟大的社会工程，聚焦脱贫攻坚与乡村振兴的时代问卷，凸显贫困治理体系与治理能力现代化的理论底蕴，映射"反贫困区域共同体"的中国底色。"十四五"规划为东西部扶贫协作转向东西部协作提供发展蓝图。2020年10月《中共中央关于制定国民经济和社会发展第十四个五年规划和二〇三五年远景目标的建议》提出，要坚持和完善东西部协作和对口支援、社会力量参与帮扶等机制。未来东西部协作将继续承载更多的贫困治理任务与乡村振兴责任，也将会在迈向"共同富裕"道路上继续发挥其横向协作、共促发展的重要作用。

东西部扶贫协作的历史价值与实践贡献

在习近平精准扶贫精准脱贫方略指引下,东西部扶贫协作政策不断发展和深化,协作范围逐渐拓展,协作体制机制不断健全和完善,为东西部扶贫协作治理现代化提供了坚实基础。东西部协作的长时段政策实践,积累了丰富的减贫案例,为我国乃至全球减贫事业提供了重要的经验借鉴。

一、制度基础不断夯实

1996年7月国务院办公厅转发国务院扶贫开发领导小组《关于组织经济较发达地区与经济欠发达地区开展扶贫协作的报告》,正式部署了由北京、天津、上海等9个东部省市和4个计划单列市与西部10个省区开展对口帮扶工作。党和国家将东西部扶贫协作作为扶贫开发重点工程之一,多次在相关法律法规和政策文件中强调东西部协作扶贫的重要意义,并予以重点部署和推进。党的十八大以来,面对各级各类面广量大的减贫任务,党和国家对东西部扶贫协作给予高度重视,相继出台了多部专项政策强化东西部扶贫协作工作,明确了东西部扶贫协作的任务要求和责任划分。在中央及各地党委政府的大力引导和推动下,东西部扶贫协作的顶层制度设计不断完善,制度基础不断夯实。这些制度规范和政策方针对于推动实现东西部扶贫协作治理现代化,不断提高东西部扶贫协作治理水平,解决区域贫困等问题发挥了重要作用。

二、治理技术持续创新

在党和政府统筹规划协调之下,东西部各相关省市党委和政府始终秉持"共同富裕"的理念,认真落实和推进东西部扶贫协作,在实践中进一步丰富了东西部扶贫协作的时代内涵。这些变化主要体现在以下几个方面:第一,在协作主体参与层面,由初期的政府主导转变为全社会共同参与投入,东西部扶贫协作的主体力量不断增强。结成帮扶关系的地市在协作扶贫过程中,不断开发新思路,创新协作模式,引入多元主体参与,形成了多层次、多形式、全方位的扶贫协作格局。各协作地市之间建立了一系列沟通交流机制，及时就工作中出现的问题探讨新的解决方案，促进协作双方信息互通。第二，在协作领域层面，东西部扶贫协作不断扩容，从帮钱帮物"输血"到围绕基础设施、产业发展、信息技术、干部交流、人才培养、教育援助等帮扶重点精准发力，着重提升西部贫困地区"造血"能力。第三，在协作形式层面，由最初单纯的给予物质、资金、技术等单方面援助，拓展为协作双方互惠互利、共同发展、合作共赢。第四，在协作绩效考核层面，中央单位和部门按照职责分工，对东西部扶贫协作和对口支援工作提供指导与监督。东西部扶贫协作的考核评估机制越来越精准。从考核目标、考核内容、考核对象、考核组织、考核步骤等五个层面对东西部扶贫协作考核作了更为详细的规定，进一步推动了相关部门的协作治理能力，为减贫的"中国方案"不断注入新的时代内涵。

三、工作机制不断完善

贫困是个相对概念，贫困问题不会随2020年脱贫目标的实现而终结。从改革开放之初的对口支援到东西部扶贫协作，东西部扶贫协作的工作体系不断完善。主要表现在以下三个方面：首先，东西部扶贫协作的领导机制不断健全和完善。国务院扶贫开发领导小组主要负责东西部扶贫协作的组织协调、工作指导和考核督查。国家发展改革委、组织部、教育部、民政部、人力资源和社会保障部、农业农村部等部门按照相应的职责分工，对东西部扶贫协作工作提供指导和支持。此外，审计机关和纪检监察机关分别负责扶贫政策落实情况和扶贫资金的监督审计以及扶贫领域监督执纪问责。开展扶贫协作的相关省份根据中央要求，成立了专门的工作领导小

武隆区后坪乡　陆纲摄

组负责协调落实相关事宜，统筹东西部扶贫协作的实施。其次，东西部扶贫协作的考核评估机制越来越精准。2017年8月，国务院扶贫开发领导小组印发了《东西部扶贫协作考核办法（试行）》，该办法在原有的东西部扶贫协作统计规则基础上做了部分调整，从考核目标、考核内容、考核对象、考核组织、考核步骤等五个层面对东西部扶贫协作考核作了更为详细的规定。再次，各协作地市之间建立了一系列沟通交流机制。如高层联席会议制度、县县对接机制等，及时就工作中出现的问题探讨新的解决方案，促进协作双方信息互通，进一步提高了相关部门的协作积极性。

鲁渝扶贫协作的涓滴效应与辐射作用

  鲁渝扶贫协作是东西部扶贫协作的重要战场。鲁渝扶贫协作对于重庆市完成脱贫攻坚重任发挥了巨大的支撑作用。鲁渝扶贫协作的"溢出效应"不断呈现。通过鲁渝扶贫协作,带动了重庆、山东两地的经济发展,提升了鲁渝两个协作单位社会治理现代化的能力,培养了一批干部,为两省市可持续发展提供了重要的人才储备。

一、鲁渝扶贫协作的双向经济带动作用凸显

  鲁渝扶贫协作推动实现重庆市贫困地区经济发展提质增效,也对山东省企业发展转型升级、经济结构调整产生助推作用,加速了山东、重庆两个协作单位经济社会发展的现代化进程。相较于重庆市而言,山东省在自

然环境、地理位置、区位条件等方面具有一定优势，相应地，山东省本土企业发展在资金、信息、技术和人才等方面也具备优势，随着经济发展进入新阶段，由于产业结构、劳动力供求关系改变和资源消耗等原因，部分企业发展面临着产业转型升级的巨大压力。相较于山东地区而言，重庆地区拥有丰富的自然资源、更具潜力的市场空间和相对较低的劳动力成本。鲁渝扶贫协作助推山东省企业参与到重庆市脱贫攻坚工作中来。

一方面，立足重庆区域发展特色，将山东省部分产业转移到贫困地区。例如，食品加工、粮食种植、机械生产、商贸物流等一些劳动密集型产业，在有效填补贫困地区产业空白、增强其自我造血能力的同时，加速实现山东地区企业向知识密集型和技术密集型层次转变，提升发展质效。另一方面通过实施劳务协作，转移和安排大量的贫困人口到山东企业工作，增强了劳动力供给，优化了劳动力资源配置，降低了生产成本，提升了经济效益。

二、鲁渝扶贫协作的社会辐射功能逐步呈现

通过鲁渝扶贫协作，山东省对重庆市14个深度贫困区县在产业经济合作、基础设施建设、健康教育发展、旅游开发、文化科技建设、干部人才队伍建设等方面实

施广泛援助，减贫效果显著，重庆地区人民群众切实感受到了援助的良好效果，提振了脱贫攻坚的信心，也进一步巩固了双方之间结下的深厚情谊，为今后长期的交流合作奠定了基础。与此同时，大批企业、社会组织、志愿者等在山东省各级党委政府的引导和号召下，积极参与到鲁渝扶贫协作中，通过投资建厂、物资捐赠、劳务协作、就业帮扶等多种方式，为重庆市扶贫开发工作提供了强大的支持，在奉献的同时，营造出全社会参与脱贫攻坚的浓厚氛围，进一步弘扬了社会主义核心价值观和道德正气，对形成社会治理人人参与的良好局面、打造"共建、共治、共享"的社会治理格局而言意义重大。

三、鲁渝干部队伍培养价值作用长远

　　山东省较好地完成了对重庆市的帮扶任务，履行了政治义务，一方面得到了中央的认可，另一方面在扶贫协作中强化了组织能力，锻炼培养了干部。通过开展干部挂职和人才交流，为重庆市脱贫攻坚提供智力支持，同时，也为山东干部思想素质、工作能力提升和职业晋升提供了机会。在脱贫攻坚的一线战场，山东派到重庆市贫困区县进行挂职锻炼的扶贫干部扮演双重角色，既是脱贫攻坚的"战斗员、生力军"，也是鲁渝扶贫协作的"调查员、联络员、协调员、服务员"。在艰苦的环境下工作和生活，不仅能够培养和提升问题解决能力和领导能力，磨炼意志，锤炼作风，增强政治意识、责任意识和大局意识，同时对其职业生涯发展起到良好的推动作用。对于选派到重庆市负责鲁渝扶贫协作的挂职干部，山东省政府除了从福利保障上给予关心之外，还从管理方式上进行创新，要求外派干部返岗后撰写心得体会和经验总结，进一步推动实现挂职成果转化，此外，对在挂职期间表现优秀的干部给予物质或精神奖励，特别突出者予以提拔。对于重庆干部来说，通过传、帮、带，提升了本地干部的素质和能力；通过赴山东进行多种形式的培训，开拓了本地干部的视野，增强了干事创业的自信和本领，为重庆未来发展储备了一批干部。从这一层面来看，鲁渝扶贫协作的干部交流制度对于系统培养干部队伍具有重要意义。

新发展理念下持续推动东西部协作可持续发展

2020年10月29日通过的《中共中央关于制定国民经济和社会发展第十四个五年规划和二〇三五年远景目标的建议》提出,"坚持和完善东西部协作和对口支援、社会力量参与帮扶等机制"。2020年11月27日发布的《中共重庆市委关于制定重庆市国民经济和社会发展第十四个五年规划和二〇三五年远景目标的建议》提出,继续深化东西部协作和对口支援机制,完善社会力量参与帮扶机制。东西部扶贫协作向东西部协作转化,重庆市作为"两点""两高""两地"[1],面临新的历史发展机遇,如何助力长江经济带,助推成渝双城经济圈发展,达到共

---

1. 周廷勇.立足"两点" 建设"两地" 实现"两高".[2018-04-24].https://www.sohu.com/a/229466220_349058.

同富裕，成为鲁渝谱写新发展理念的新协作、新契机。

一、持续推动东西部协作，助力长江经济带腾飞

长江经济带和别的经济区域最大的不同是把东、中、西部天然连接在一起，可以加快正在推进的产业梯度转移，有利于经济转型升级，还可以继续向西与丝绸之路经济带连接，贯通"一带一路"，形成开放新局面。长江经济带需要进一步拓展东西部协作。2020年11月27日发布的《中共重庆市委关于制定重庆市国民经济和社会发展第十四个五年规划和二〇三五年远景目标的建议》提出，实现巩固拓展脱贫攻坚成果同乡村振兴有效衔接，继续深化东西部协作和对口支援机制。东西部扶贫协作拓展为东西部协作，将从产业发展、城乡统筹、生态保护等方面助力长江经济带建设。首先，东西部扶贫产业协作，是扶贫协作的基础，也是东西部协作的支撑。通过产业合作、产业转移与承接、人才交流以及科技创新、数字经济等方面持续性的省际合作，共同在"一带一路"、长江经济带建设中展现担当作为，实现互利共赢发展，构建起沿海与中西部相互支撑、良性互动的新棋局。其次，东西部扶贫协作，极大改善了城市与农村之间的不平衡问题，对于全面建成小康社会起到了重要作用。已

有东西部扶贫协作经验，转化为东西部协作的工作基础，将持续推动城市群的建设、聚集，从空间要素提升城乡一体化发展，带动中西部发展的重要增长极，实现共同富裕。最后，东西部扶贫协作通过旅游扶贫等绿色产业改善了城乡生态环境。长江经济带有湖北、湖南、重庆、四川、云南、贵州等脱贫攻坚地区，上述各省市基本上都位于长江上游，产业发展方向对于生态环境修复具有重要意义。在东西部扶贫协作中，各结对帮扶地区通过创新旅游扶贫、开展传统手工业申遗等方式，促进了生产要素的合理流动，在发展新产业、培育新动能，全力推动经济社会高质量发展等方面提供了重要建设经验，也为长江经济带的生态环境修复打下基础。

二、持续推动东西部协作，提升成渝双城经济圈发展

成渝双城经济圈是中央最新审议通过的国家发展战略，对于打造内陆开放战略高地、推动高质量发展具有重要意义。成渝双城经济圈许多地区是东西部扶贫协作的对口支援地方。东西部扶贫协作为成渝双城经济圈确立了前期合作基础。东西部协作在巩固脱贫攻坚成果基础上，充分利用成渝双城经济圈农业资源丰富、科技资源独特、绿色产业领先、红色基因优良的优势特色，尝

试探索建立东西部协作—成渝双城经济圈复合交叉的协作机制,即以产业发展为关键,创新产业协同、利益联结等体制机制,积极参与产业分工,统筹承接产业转移;聚焦人才培养体系,通过义务教育和继续教育发展,提高农民、大学生、贫困人口素质,为成渝双城经济圈发展储备人才;发掘绿色发展资源,充分利用已有东西部扶贫协作建立的旅游扶贫产业等,发展绿色无污染的生态循环经济;建立防止返贫监测机制,为成渝双城经济圈提供稳固发展的基石,做到产业与生态、生产和生活的高度融合,推动协作发展相融互促共赢。

城口县沿河乡　龙帆摄

三、持续推动东西部协作，实现新发展理念的共同富裕

　　东西部扶贫协作和对口支援在制度建设、协作内容、协作方式、协作主体、体制机制等方面持续创新发展，为西部贫困地区摆脱贫困做出巨大贡献，这表明东西部扶贫协作是党和国家做出的正确战略选择，是习近平总书记关于扶贫脱贫的重要论述的重要实践呈现。东西部协作在继承东西部扶贫协作经验基础上，开阔发展视野，拓展发展领域，强调绿色发展理念下的旅游发展解决人与自然和谐问题、共享发展理念下的教育发展解决社会公平正义问题、创新发展理念下的产业创新与城市群建设解决发展动力问题、协调发展理念下的省际协作解决发展不平衡问题、开放发展理念下的"一带一路"及陆海大通道解决内外联动问题。东西部扶贫协作进入新阶段，东西部协作在新发展理念引导下，在准确内化东西部协作新形势、新任务、新要求的基础上，从国家治理现代化的战略高度，强化东西部协作工作新内涵，着力探讨和创新东西部协作的链接方式，构建东西部协作治理新机制，引导和促进协同单位间共同发展，为2035年进入中等发达国家、实现共同富裕奠定发展基础。

后记

本书以"发展"为题眼,以共同富裕为理论愿景,探索习近平总书记关于东西部扶贫协作重要论述在中国大地上的实践、实现、实证;在观察山东省和重庆市扶贫协作政策设计与实践创新基础上,宏观描述习近平总书记对东西部扶贫协作的总体要求,微观解读习近平总书记对鲁渝扶贫协作的工作指导,从党建引领、人才交流、产业发展与教育扶贫四个领域归纳鲁渝扶贫协作的工作重点与创新案例,提炼出党建引领协作主体、精准设计协作治理结构、因地制宜架构协作机制的治理经验。鲁渝扶贫协作仍然存在拓展空间,需要进一步优化扶贫协作路径,在新发展理念下持续推动东西部协作的可持续发展。

与本书书名相得益彰的是,本书的研究过程实际上也是一个协作的过程。能够投入到脱贫攻坚中亲身感受,通过观察、思考、形诸文字,不能不说是一份荣幸,这是对我们研究团队的信赖,也是我们团队承载的叙说中国扶贫故事的沉甸甸的责任!

所以，本书能够完成，首先要感谢山东省、重庆市诸多战斗在扶贫协作一线、辛勤付出的同志们，没有你们的生动实践，我们团队无法写作出反映东西部扶贫协作的任何文字！

其次，我们要感谢国家乡村振兴局、重庆市乡村振兴局的各位领导，他们在课题组调研过程中，给予了最大支持，提供了丰富的工作资料！我们翻阅相关文档时，无不为其中的案例所打动，因为案例太多，在选择的时候，往往犹豫不决，书中所选只能是挂一漏万，殊为遗憾！

第三，作为个人来讲，我要感谢国家乡村振兴局中国扶贫发展中心黄承伟主任，在写作过程中黄主任对研究团队做出的选题指导与写作思路指引，常常使我们豁然开朗、柳暗花明！

最后，本书的写作完成，得益于一支优秀的研究团队。我的研究生、贵州省紫云县委党校讲师郭青青承担了诸多具体研究管理工作与研究写作任务。我的研究生、河南省热力公司闫妍的硕士毕业论文是《东西部扶贫协作治理研究——以鲁渝扶贫协作为例》，应该说，我指导闫妍同学的写作过程，也是自己进一步深刻理解鲁渝扶贫协作的过程。此外，在读的几位研究生持续阅读文献，与我一起参加调研活动，在这个过程中，都不同程度地得到了学术锻炼。

本书得以付梓，离不开调研地点各位领导的支持。在武隆、巫溪、奉节等地一路走来，各地扶贫干部不计得失的担当与艰苦奋斗精神，给我们留下了深刻印象，也是督促我们把这本书写好的强大动力！

本书是集体智慧的结晶。郭春甫负责确立本书的框架设计、理论选择、分析对象和调研方案，并对文稿进行了最终统稿。具体分工如下：

第一章　欧　倩　王　鑫
第二章　何枚红　何　敏
第三章　郭春甫　郭青青
第四章　李远志　张小楠
第五章　郭春甫　闫　妍

由于时间紧、任务重，书中肯定存在各种谬误及不规范之处，恳请学界前辈、同仁的批评指正！我的联系方式是：guochunfu@163.com。

郭春甫　谨识
2021 年 5 月